儿童研究译丛

张斌贤 祝贺 主编

The Philosophical

Child

哲思的幼童

如何与儿童讨论哲学问题

[美] 加纳·莫尔·洛内 著
Jana Mohr Lone

孙颖 等 译

于伟 审校

北京师范大学出版集团
BEIJING NORMAL UNIVERSITY PUBLISHING GROUP
北京师范大学出版社

感谢我的丈夫罗恩(Ron)对我坚定的支持和爱

感谢我的儿子威尔(Will)、戴维(David)和杰克逊(Jackson)为我开启新思路

感谢并怀念我的父亲梅尔·莫尔(Mel Mohr)，他总是鼓励我提出新问题

哲学通过推理和论争促进人类繁荣。

——伊壁鸠鲁

主编序

20世纪80－90年代，曾有学者尖锐批评教育研究中"见物不见人"的现象。在这些学者看来，受凯洛夫和苏联教育思想传统的影响，传统教育学只关注课程、教学等"物"的因素，而完全忽视对儿童、青少年的研究，实际上是一种"无人教育学"。时至今日，这种状况似乎也没有从根本上改观的迹象。近二十年来，教育学界的"兴奋点"层出不穷，但大多与"物"（如课程改革、互联网、人工智能等）相关，而与"人"（确切地讲就是儿童）的关联不大。虽说研究主题的确定通常主要是研究者个人的选择结果，但如果"目中无人"成为学界的一种普遍倾向，那么，这实际上反映了教育研究者共同价值观念的偏差，反映了教育研究活动背后所深藏的文化局限。

从人类教育演变的历史看，媒介、技术、方法和手段等"物"的变化确实曾对人类的教育活动发挥了具有革命性意义的巨大影响。文字的产生，印刷术的推广，特别是网络信息技术的广泛运用等，对教育活动的方方面面产生了深刻的作用，不仅极大改变了教育活动的外在样式，而且不断重构了教育活动的内在意义。但是，从另一方面看，如果没有儿童观念的革新，如果我们仍停留在将儿童视作"小大人"、将活生生的儿童当作知识和观念的"容器"，如果仍然忽视儿童与生俱来的基本权利，那么，任何新的媒介、技术和方法的引入或者不能充分发挥其应有的积极作用，或者，在更坏的情况下，很有可能产生相反的结果。因此，我们既要以巨大的热情和超凡的勇气主动迎接各种新媒介、新技术对人类教育所产生的影响和挑战，又要对科学技术的社会结果保持足够清醒的认识，而尤为重要的是，在"科学至上"、"技术崇拜"观念大行其道的年代，我们更应以前所未有的自觉高度关注教育中的"人"、关注儿童，充分借鉴科学技术以及各相关学科的研究方法和研究成果，不断拓展和深化对儿童的认识，并以此为基础，进一步探索教育教学的改革，切实促进儿童的全面、均衡和可持续发展。

近年来，哲学、历史学、人类学、社会学、法学、心理学、文学和医学等学科领域均有学者从自身学科的角度涉足儿童研究，并已产出了一系列科研成果。在教育学界，华东师范大学刘晓东教授、东北师范大学于伟教授、杭州师范大学张华教授和高振宇博士等学者不断倡导儿童哲学研究，先后举办多次学术论坛，出版《儿童学研究丛书》、《新儿童研究》等。他们的开创性研究对于丰富关于儿童的认识，推动儿童研究在我国的开展无疑具有探索意义。但是，客观地说，由于儿童研究的长期缺失，更主要地是因为价值观的偏差，儿童研究要真正引起学界和业界的广泛重视，并将研究的成果真正应用到教育研究和教育实践中，还有很长的路要走。

要进一步推动中国的儿童研究，除了汲取中国传统的资源，运用当代人的智慧，还应采"他山之石"，广泛吸取世界各国一切有利于推动儿童研究的学术成果。在这方面，国内多个学科已经走在教育学界前面，相继推出了大量译著，产生了积极的影响。美中不足的是，由于种种原因，诸多译介工作缺乏系统性。就此而言，北京师范大学出版社组织翻译出版的"儿童研究译丛"具有重要的探索意义。

"儿童研究译丛"精选国外不同学科领域有关儿童研究的重要成果，试图在一个较为广阔"图景"下呈现儿童研究的进展，这不仅充分反映儿童研究本身所具有的综合性、跨学科的基本特点，同时也有利于教育学者更多地关注其他学科领域独特的研究方法和治学路径，从而进一步开阔视野。

在译丛出版之际，首先应当感谢北京师范大学出版社和周益群老师在译丛的选题确定、译者的组织和质量把关等方面所做出的重要贡献。同时也要感谢参与翻译、校对的各位学者。正是他们不计功利的无私付出，才使得中国读者又能近距离接触到一批好书。

张斌贤

2020 年 9 月 15 日于北京师范大学

目　录

致　谢

从 2008 年起，我开始撰写博客《说出内心疑惑》(*Wondering Aloud*)，记录我与儿童的哲学思考，以及儿童读物对哲学的探寻。自那时起，我开始接触更多的家长，帮助他们寻找更多资源来参与儿童的哲学质疑。他们的努力一方面为儿童发现哲学自我提供帮助，另一方面促使我写了这本书。

从始至终，华盛顿大学哲学系［尤其是前系主任肯·克拉特鲍(Ken Clatterbaugh)］为儿童哲学西北研究中心和我的工作提供了大量帮助。儿童哲学西北研究中心的学术哲学家对鼓励儿童进行哲学思考非常重视。能够成为这个机构的一员，我感到非常幸运。感谢我的同事儿童哲学西北研究中心的萨拉·戈林(Sara Goering)和戴维·夏皮罗(David Shapiro)让我的工作充满乐趣，他们对本书做出了有建设性的评价和修订建议。我同样感谢参加我的课程的学生，他们对有关哲学自我、哲学敏感力的看法所做的反应，帮助我改进了自己的想法。

乡绅家庭基金会(Squire Family Foundation)的罗伯塔·伊斯莱罗夫(Roberta Israeloff)提出了充满智慧和有建设性的意见。她花费大量时间，对手稿提出修订建议，并且从哲学专业角度对写作者和思考者的想法进行筛选和确定。乡绅家庭基金会的支持使得我在西北研究中心的工作成为可能，并且促使儿童哲学在全美范围内发展。

弗吉尼亚大学的米奇·格林(Mitch Green)和孟菲斯大学的迈克尔·伯勒斯(Michael Burroughs)就哲学敏感力的本质问题提出富有想象力和洞察力的想法。

儿童哲学领域最早的两位导师加雷斯·马修斯(Gary Mat-thews)和马修·李普曼(Mat Lipman)，都已经去世，而我的书稿受益于他们生前的工作。在研究生学习期间，我读过加雷斯·马修斯的《童年哲学》(*The Philosophy of Childhood*)，它改变了我的生活。加雷斯·马修斯鼓励我从事儿童研究，多少年来始终支持着我。在我看来，他是最善良的人。加雷斯·马修斯和马修·李普曼是儿童哲学领域的先行者，预见儿童生活需要哲学，在学术以外也形成哲学思考。他们两人使我意识到聆听儿童问题和尊重儿童想法的重要性，意识到二者缺一不可。

最后，感谢那些邀请我进入自己课堂的中小学教师以及分享自身观点的儿童，从他们身上我学到很多。

第一章

哲学自我

1　　　　　　过去时光，小溪、草地和树丛，

　　　　　　　大地每一寻常风物，

　　　　　　　　在我眼中，

　　　　　　　都有夺目光辉射出，

　　　　　　瑰奇、绮丽、清醒，恍如属梦。

　　　　　　今日的情形，却迥异于往昔——

　　　　　　　纵四方任你寻和问，

　　　　　　　　日夜晨昏，

　　　　　　触目风光，都不是旧时曾识。

　　　　　　——摘自：威廉·华兹华斯，《颂诗：不朽之光属少年》①

思考哲学让我感到恐惧和兴奋，然而我无法停止。*2*

——蒂法妮（Tiffany，10 岁）

在我的大儿子威尔 5 岁的时候，我们喜欢和他一起读艾诺·洛贝尔（Arnold Lobel）《青蛙和蟾蜍》（*Frog and Toad*）的系列故事。一天晚上，我们正在一起读《青蛙和蟾蜍好伙伴》（*Frog and Toad Together*）中的故事《梦》。在这个故事里，蟾蜍做了一个梦。梦中，它是舞台上的主角，它最好的朋友青蛙则坐在剧场里看演出。在蟾蜍表演时，青蛙开始变小直到最后消失。蟾蜍在梦里朝着青蛙尖叫，醒来时发现青蛙正待在它的床边。蟾蜍问道："青蛙，真的是你吗？"青蛙回答道："的确是。"蟾蜍这才松了一口气，然后和青蛙度过了"美好而漫长的一天"。

威尔和我开始谈论他曾经做过的一些梦，以及这个故事里的梦对蟾蜍来说是多么的真实。

我问："你曾经做过这样的梦吗？这个梦太真实以至于你醒来时不确定它是不是一个梦？"

威尔肯定地回答道："有啊！有时我在想，当我真正醒过来的时候，我是否在做梦。我的意思是：我们现在还在梦里吗？"

"你为什么这样问呢？"

"你怎么知道你不是在梦里呢？"

我问："你觉得梦的感觉和清醒的感觉有什么不同吗？"

"梦通常让人感到奇怪。在梦里发生的事情，在现实生活中永远不会发生。"

"但也不总是这样，对吧？你曾说过，有时候一个梦是如此真实，以至于你不确定它是不是一个梦。"

"是的，所以我现在可能正在做梦。"

这些就是四五岁的儿童所疑惑的问题。我们可以通过提供现实的答案来回答，例如，从科学、心理学或其他方面解释梦与醒之间的区别，或者我们可以用一种共同探究的方式来对问题进行思考和回应。

威尔并没有寻求对梦进行科学或心理学的解释，事实上，他没再从我这里寻找解释。他一直在问如下问题：我们能否知道梦与醒之间的区别？我们能否确定我们处于一个状态而不是另一个状态？我认为，探究精神远比试图获得答案要重要得多。

儿童的哲学思想

3   父母通常不会根据儿童提的问题来判断儿童是否具有打开哲学思维的潜力，因为他们往往在没有认真思考的情况下就认为，儿童没有能力进行哲学探究。儿童能够提出哲学问题吗？你是如何看出来的？从哲学角度思考是什么意思？儿童能做到吗？为什么我们要关注这个问题呢？

从历史上来看，哲学家几乎没有对儿童时期哲学思想的产生做过任何考察。[1]与数学、文学或科学不同的是，哲学通常被当作一门仅针对成年人的学科，至少在美国是这样。大多数人初次接触哲学，是在高等院校学习时。此时的哲学学习更多的时候是通过介绍的方法使学生了解伟大的哲学家，没有使学生参与到自我质疑的过程中，也没有使学生感受到哲学思维所具有的特殊意义。因此，成年人通常不太熟悉哲学，他们认为对儿童来说哲学"太难"或"太抽象"，儿童无法理解哲学问题。因此，儿童的哲学问题和哲学思考很容易被忽略。

> 9 岁的阿尔维·辛格（Alvy Singer）被他的母亲带去见心理医生，因为他的母亲告诉医生，"他一直很沮丧"。
>
> 辛格："宇宙正在膨胀。"
>
> 医生："宇宙正在膨胀吗？"
>
> 辛格："宇宙是一切，如果它在扩张，有一天它会分裂，那将是一切的终结！"
>
> 母亲："你到底怎么了？"[2]

虽然我们承认童年期和青春期是非常重要的人生阶段，但这似乎并不意味着成年人能够严重干扰处于这两个阶段的年轻人的成长经历。受经验的影响，儿童的悲伤、青少年之间的关系、年轻人对周围世界的看法，成年人认为这些都是没有意义的。但是当回顾过去时，大多数人都会承认如下这一点：儿时发生的事件会对成长产生影响，但儿时的经历和感受却被最小化为短暂或者琐碎的小事。当我们长大成人后，我们似乎忘记了我们儿时的样子。

对于儿童提出的较为深层次的问题，成年人最常见的反应是以轻蔑或居高临下的方式对待。成年人经常评论儿童具有反思性和挑衅性的言论，认为儿童所提的问题显得可爱或有趣。（与此同时，成年人的类似评论也会引起更深思熟虑的回应。）大多数情况下，成年人没有注意到以儿童言论为基础而产生的极其严肃的问题。儿童通常被低估，但在某些领域，儿童提出的问题更为正确。我认为，儿童能够对自己于其中出生的世界进行深刻而持久的反思，与其他领域相比，儿童的这种反思是最正确的。

哲学家加雷斯·马修斯富于表现力地写道，他所谓的"儿童思维的纯粹反思时刻"通常无法被成年人察觉到。他认为：

> 也许是因为过于强调儿童能力的发展，特别是认知能力的发展，我们成人自然而然地就认为儿童的思维相当幼稚，需要不断发展才能达致成人的标准。然而，我们自以为不成熟的思想，也许恰好比我们在教育目的中预设的成人水准来得更开放、更深入。我们利用发展过程中的假设理论去检视儿童所说的话时，不仅会忽略他们话语中重要的哲学成分，而且会忽略儿童本身以及他们话语中或严肃或有趣的观点。①[3]

---

① 此处译文参见［美］加雷斯·B. 马修斯：《与儿童对话》，陈鸿铭译，61 页，北京，生活·读书·新知三联书店，2015。——译者注

我们通常认为，儿童的思想总是不如成年人成熟，因此儿童所说的话，对我们成年人来讲几乎不具有任何借鉴价值，因为我们认为我们已经知道足够的知识。但是，儿童时期不仅仅是向成年人发展的准备阶段，儿童的视角能够丰富我们所有人理解世界的方式。生命中的每一个阶段都有看待世界的独特方式，而其不能被草草地简化成为下一个阶段做准备。当我们成长为成年人时，童年的洞察力往往会丧失。倾听儿童的声音可以让成年人获得这些见解，也可以让成年人拓展自己的思维。

哲学自我

"红色"这个词从何而来？公平是什么意思？

为什么我们在晚上做梦？树木可以思考吗？数字是真的吗？

哲学上的疑惑始于儿童时期。亚里士多德认为："求知是人类的本性。"①[4] 如果我们回顾自身的发展，许多成年人都能记得，我们是在儿童时期就开始（对很多人来说，很快就停止了）思考哲学问题的。在最初的几年里，儿童对人类生活中普遍存在的哲学奥秘敞开了大门，他们常常在夜里思考诸如此类问题：上帝是否存在？为什么世界会有颜色？时间的本质是什么？梦是否真实？我

---

① 此外译文见［古希腊］亚里士多德：《形而上学》，吴寿彭译，1 页，北京，商务印书馆，1995。——译者注

们为何死亡？生命的意义是什么？一旦能阐释这些问题，大多数儿童就会开始问我们所谓的"大问题"。儿童对世界的方方面面充满了好奇心，而大多数成年人认为它们是理所当然的。儿童展示了自然人去探究人类生活和人类社会最基本元素的能力。

　　这就是哲学自我的开始：一部分人认为我们存在的许多方面都是非常神秘的。[5]走进任何一所幼儿园，你都会看到儿童充满好奇，他们渴望探究自身生活的方方面面。事实上，每一位家长都很容易听到关于"为什么"的问题，而且问题通常是一个接着一个。这样的问题由第一次接触到如此多的事物的儿童提出，要由对这个世界充满模糊的熟悉感的成年人来作答。它能够引起二者之间一系列新鲜的、生动的互动。

　　传统观念认为，儿童的身体、智力、道德、社会和情感的发展是非常重要的，但成年人很少注意培养儿童的哲学自我。人类很容易产生对自我的陌生感，并且能够通过追问有关自己的经历而表现出来，也能够通过有关自己的想法表现出来。人类抽象思考的能力是哲学自我的基础。拥有这种能力让我们在做什么、说什么、思考什么的时候，能够意识到我们在做什么、说什么、思考什么。这种能力让我们质疑生活世界的意义，并开始探究这些问题。

　　儿童提出的问题往往是深刻的哲学问题。在《哲学与幼童》（*Philosophy and the Young Child*）中，加雷斯·马修斯讲述了他所教的一名大学生的经历。这名大学生与一个名叫迈克尔（Michael）的 7 岁小男孩儿展开了一场对话。他们谈论了 C. S. 刘易斯（C. S. Lewis）《纳尼亚》（*Narnia*）的故事。作为谈话的一部分，迈克尔描述了他对"宇宙可能是无限的"的担忧。当大学生问到这个问题的重要性时，迈克尔很清楚地进行了阐释。迈克尔说："很高兴你能提出这个问题，什么都不知道是不好的。我希望宇宙不要永远持续下去。我不喜欢这种永远持续下去的想法，因为很明显这是不可能的。"[6]因此，对于由"宇宙可能是无限的"引起的哲学难题，迈克尔展示了一种惊人的清醒意识。部分成年人可能会认为迈克尔一定是一个不寻常的儿童，事实也许是这样。但从我的经验来看，许多儿童在他们的生活早期就很自然地开始思考这样的问题。

哲学问题是什么

儿童提出关于"为什么"的问题不仅仅是要寻求关于普通事物运行机制的解释，通常他们也表达了对人类生存本质的真实疑惑。例如，儿童问"时间是什么"与问"钟表是如何工作的"，是有所区别的。作为人类的一部分，我们要反思我们所面临的奇怪处境。在这个奇怪处境中，我们发现自己——在地球上生存的时间是有限的。对生命的神秘性的感知是人类境况的一个自然特征。

当儿童提出问题时，你如何确定它是一个哲学问题？对此，我没有直接回答。我认为这是一件积极的事情，我会细致地解释。

作为一门学科，哲学并没有明确而固定的定义。甚至哲学家关于哲学是什么的意见也不一致。人们最初注意到，"哲学"这个词来自古希腊语，意思是"爱智慧"。在古代，哲学被理解为探究智慧。当然，"智慧"的含义本身就是一个哲学问题。

我喜欢把哲学植根于问题中，尤其是那些反映我们世界观的问题以及涉及日常生活方式的问题。那些问题试图揭示我们的想法以及我们想说的和想做的背后假设，而这些假设常常没有经过检验。哲学的核心不是知识本身，而是一种思考和生活的方式。它的目标是寻找固定答案的局限性，并提出尚未被提及的问题。

从哲学角度来看，我们提出的一些最简单的问题也是最难回答的。正如伯特兰·罗素（Bertrand Russell）曾经所说的，"哲学的价值实际上在很大程度上在于追求事物的不确定性"[7]。哲学探究可以解释那些我们有时认为理所当然的事物所具有的不确定性。例如，父母有时会说，儿童成长为讲公平、有同情心、有责任感或者宽容的人是很重要的。但是当被问及这些性格特征到底意味着什么时，他们常常被难住了。到底什么才是公平呢？有责任感是什么意思？宽容包含什么？我们的儿童是否应该宽容？（例如，我们希望他们对于欺凌也要容忍吗？）

没有任何东西可以去限制哲学探究。尽管有些问题比其他问题更容易引发探究，但哲学问题几乎可以涉及生活的方方面面，它们并不局限于任何特定的主题。哲学探究的特征不在于它的内容，而在于它所使用的方法。例如，有人可能会问，某些事情是否是正义的；哲学方法则可能对"什么是正义"做出回答。哲学探究的重点是一般性的、抽象性的问题，这些问题没有固定的、无可争议的答案。所以，有些问题可以参照经验事实来解决，但这些问题同时可以引起哲学上的对话。当然，也有许多问题属于合成问题，例如，"思想是什么？"或者"活着意味着什么？"这些问题涉及哲学、科学和其他的学科。总之，哲学探究的问题不仅包括

7

通过经验可以解决的问题，而且包括通过经验依然无法解决的问题。

当儿童提问时，我们的回答可能通过很多方式呈现，而儿童对我们回答的反应，将会决定是否会产生哲学探究。一个看似简单的问题可以引发一场哲学式的对话，如果双方产生交流则是一个更深刻的问题。我已经学会了不要立即判断儿童提出的问题是否具有哲学特质。在很多讨论中，儿童提出了我最初认为不具有哲学意义的问题。当我审视这个假设并认真地听儿童提出的问题时，我经常结合自己的问题来判断儿童的想法，发现有些问题实际上是相当深刻的。

例如，去年和五年级学生的一次谈话中，学生选择讨论如下问题："为什么儿童（在我们读的故事里）对谈论梦感兴趣？"我最初的反应是，与学生提出的一些其他问题（如"梦是什么？""为什么我们会做梦？"）相比，这个问题不那么具有哲学特质，然而事实证明，那个提问的学生有时会感到疑惑：为什么有时候一个问题对某个人来说很有趣，并且这个人想要讨论这个问题，但在其他时候情况并非如此？这与我们表达想法的能力有关。其他学生的回答和问题引发了一场富有成效的讨论，讨论人们是否能够以及如何与他人交流他们真正的想法。

支持儿童哲学自我的发展

父母如何支持儿童哲学自我的发展？这就是这本书的主题。多年来，许多父母一直要求我提出一些方法来介绍这个话题，并让他们的孩子参与到哲学对话中。很多家长很乐意和儿童谈论我们生活中的一些重大问题，但他们不知道该如何去做。

当儿童想知道一些问题时，作为家长的你该如何回应呢？例如，为什么人不得不死？无穷大到底意味着什么？我们更愿意提供一些暂时解决问题的方案，并让感到困惑的儿童得到些许安慰。但是，安慰或安抚性的解释可能不是儿童所需要的或想要的。毕竟，生活的许多方面是很难被理解或被接受的。我们希望儿童能够拥有面对这些方面的技巧和信心。要使儿童具有这样的能力，需要让其学习如何面对困难和不确定的问题，换句话说，就是学习如何去做哲学。

哲学是指以一种深思熟虑的、开放的方式审视问题和想法，而不受"专家"观点的束缚（没人能解决这些问题）。这并不是说，学习哲学史对于进行哲学讨论是无用的。然而，学习哲学史所获得的知识也可能成为富有想象力地思考哲学问题的障碍。尤其是在大学环境下，学生被迫去证明他们对哲学作品中特定主题的熟悉程度，以及对学术上有趣和不那么有趣的问题的理解程度，而不是被鼓励去探究所有的可能性。

倾听儿童的问题和评论，家长无需介入讨论并提供答案，这是至关重要的。家长应该把时间花在与儿童一起思考上，而不是提供对于议题的固定引导，这为哲学探究创造了空间。我发现，父母能够提供的良好资源是其邀请儿童参加哲学交流并且能够亲自加入与儿童的哲学交流中。在后面的章节中我会更详细地阐述这一观点，即充分利用许多儿童图书所蕴含的哲学思想。像许多父母一样，我在孩子很小的时候就花了很多时间给他们读书。我最开心的发现之一就是，很多儿童故事是很有哲理的。儿童故事的作者似乎意识到了儿童的哲学倾向，而我们大多数成年人却没有。艾诺·洛贝尔、李欧·李奥尼(Leo Lionni)、埃莉诺·埃斯特斯(Eleanor Estes)、E. B. 怀特(E. B. White)、娜塔莉·巴比特(Natalie Babbitt)、威廉·史塔克(William Steig)等人创作的故事[8]，能够以儿童熟悉的和对儿童有吸引力的方式提出哲学问题。

当你读儿童绘本和其他儿童书籍时，你会自然而然地问孩子：这本书让你想到了什么？如果你认为一个故事能够引发特别有趣的问题，你可以向儿童提问：你认为怎样才能使一个人成为你的朋友？你觉得你想永远活下去吗？

当你开始和儿童交谈时，你会发现儿童很可能已经开始寻找这种交流的机会。这很可能发生在儿童观察到你认为这些问题很有趣，或者观察到你对这些问题感兴趣并且有兴致谈论它们的时候。

去年，在五年级的第一堂哲学课上，我们开始讨论哲学是什么，以及为什么有人会对它感兴趣。在我们谈话中间，一个学生举手说："我有个问题。"

我说："好吧，什么问题？"

她问："总有一天我们都会死去，那么我们为什么要努力工作并为钱担忧？我们长大后要做什么？我们要为工作、食物和住所做什么？我的意思是，最重要的是什么？活着意味着什么？"

尽管这不是我第一次听到 10 岁儿童提出此类问题，但是她的问题及其清晰的表达让我感到惊讶。我回答说，这就是一直引导我进行哲学思考的问题，我在她这个年纪的时候，就一直全神贯注地思考这个问题。其他学生主动提出，这个问题也同样困扰着他们。一名学生说道："关于生命，我一直在思考两个问题：当你死去时，会发生什么？如果有一天你会死，那生命有什么意义呢？"这引发了两场关于生与死的意义的对话。在第二次课上，我整理了如下一份关于学生所提问题的清单。

> 为什么我们会死的事实会让我们怀疑生命是否有意义？
>
> 生命有意义吗？如果有意义，生命的意义从何而来？
>
> 生命有意义就在于没有死亡吗？没有死亡会更好吗？
>
> 人为什么会死？
>
> 为什么死亡是一个很难被讨论的话题？
>
> 你是否有一部分永不死亡？
>
> 有什么东西是完全死亡的吗？

我们分析了生命是否有某种终极意义的问题。也就是说，因为你花时间做你喜欢做的事或帮助别人，或者出于其他原因，现在你的生活对你而言是有意义的，但最终你的生命可能会变得毫无意义，这有关系吗？当我们谈到上面所列的清单中的问题的时候，很多儿童都说这些问题对他们而言是非常重要的，而且他们也经常思考这些问题。我注意到，对他们来说，讨论这些问题似乎能够使他们安心。

后来，在和一些成年朋友讨论这些问题的时候，有几个人提到，当他们还是儿童时也曾考虑过这些问题，并且感到孤立无援。他们意识到，这些问题并不能与父母一起讨论：这些问题太恐怖、太抽象、太困难了，他们从父母的反应中了解到，父母不愿和他们谈论这些问题。在某些情况下，儿童在与父母讨论死亡和生命意义等问题本身就有问题，尤其是如果他们近期的生活中发生了死亡或其他情感上难以接受的事件。儿童常常担心，提出这些问题会让他们的父母感到不安。我的朋友在儿童时期都希望能够与父母一起谈论他们所想的和所思考的问题。他们相信，如果在儿童时期能够在生活中与成年人探究这些问题，他们将减轻焦虑、孤独和疑惑的感受。

与儿童探究哲学问题所产生的互惠礼物

当我向成年人转述与儿童的对话时，成年人有时会开玩笑地说，儿童一定在经历一场事关生死存亡的危机。从很多方面来说这是真的，但这不是一个玩笑。同成年人一样，儿童确实会对涉及同一性、生命意义和死亡本质的问题感到焦虑。消除儿童对这些问题的担忧的一种方法是，和他们一起思考这些困难的问题。之所以这样做，并不是因为我们真的想要思考这些问题，而是因为我们和儿童一样，有时也会感到焦虑。

我认为成年人往往会回避向儿童表述一些基本问题，因为这些问题对其来说仍然没有得到解决。在相对年轻的时候，大多数人都停止了对哲学问题的思考，而这些问题却悬而未决。儿童会接受如下信息：生活中的具体细节比这些抽象的问题更重要；人们没有时间去关注哲学问题；哲学问题都是琐碎的（或者太难），会让人们不知所措，或者宗教可以作出解答。人们关注的许多深层次的问题不是由神的存在或不存在来解决的，并且许多问题是与神的本性和宗教的实践有关的哲学问题。

我采访了几十个成年人，他们讲述了童年时参与哲学探究的经历。他们意识到如下这一点：在生活中人们对这些问题并没有特别感兴趣，且最终失去了进一步思考的动力。因此，大多数儿童并没有培养这种能力，而且，对许多成年人来说，这种能力还未得到开发。对大多数父母来说，在他们的成年生活中哲学探究是相对较新的领域。

认真对待儿童的哲学问题，要求我们自己重新思考这些问题。因此，和儿童谈论这些问题，会产生一种互惠礼物，即我们帮助他们看到他们所关注和好奇的问题被分享，同时我们将花一些时间思考更大的问题，而这些问题是人类生存的中心问题。我们这样做不是为了给予儿童哲学上的教导，而是为了和他们一起思考这些问题。

为什么我们要关心哲学自我的发展

11   帮助儿童以一种哲学的方式思考他们的问题，这样可以培养他们的哲学自我。对成年人来讲，发展儿童的哲学自我，有如下三个原因。

首先，培养儿童对生活的好奇心，使其生活变得更有深度和意义。与儿童一起探究哲学问题，有助于培养儿童的批判性意识。当我们试图回答儿童提出的所有问题时，我们没有留给他们空间，没有让他们通过提问和分析自己的经验与感知来获得经验。寻找一些方法帮助他们思考问题而不是解决问题(至少在终极方式上),可以帮助他们发展批判力并保持好奇心。

其次,与他人进行哲学探究使得儿童意识到可以以许多不同的视角和方法去理解这个世界,让他们学会批判性地审视自己的观点,以及审视之所以这样的理由。根据哲学自身的含义,哲学问题一般不设置固定答案。所有事物都是独一无二的,而每个事物都可以用不同的方法来看待,这样的理解经验是有价值的。哲学告诉我们,必须认真对待每一个观点,无论它看起来多么怪异,如果有充分的理由就提供给它。特别是在人类历史的这段时期,当人们对知识、同一性、道德信仰、美好生活的条件越来越有信心时,其反而会产生极端的暴力行为和压迫行为。儿童必须明白,有很多方式可以用来理解这个世界,而一些关于人类生活的基本问题仍然没有得到解决。

最后,对宏大而复杂的问题进行的反思性讨论,培养了儿童的分析能力和批判思维能力,这在当代生活中是必不可少的。能够以批判性的方式评估我们收到的信息是至关重要的,对于我们的儿童更是如此。信息爆炸时代最重要的是去辨别什么是重要的,什么是不重要的,以及什么是可靠的和什么是不可靠的。例如,儿童经常认为,如果信息出现在网站上,那一定是真实的。因此,儿童需要通过提问以及一种批判的方式检验信息的正确性。因为哲学关注的是我们以思考和行为为基础的假设,哲学还涉及不能以终极的方式解决的问题,它教会我们去评估基于理性和分析的主张而不是以固定的信念和偏见为基础的主张。

12

哲学探究与学术化的哲学

在过去的 15 年里,我在教室和一些论坛里向 5-17 岁的孩子介绍哲学,并与我自己的 3 个孩子进行哲学思考。作为一名哲学研究生,我偶然进入这个领域。作为大学助教的我正在写论文,但我对成为一名全职大学教授的前景感到非常矛盾。

当我还是儿童的时候,我在夜里总是睡不着,思考着诸如死亡的本质、同一性(谁是真正的我,以及我的本质是什么)、时间的本质等问题。这些问题不仅在智力上激起了我的兴趣,而且对我来说影响很深刻,我想对于很多儿童都是这样的。然后我在 17 岁时上了第一堂哲学课——一所大型公立高中的选修课程。上这堂课对我来说是一种改变人生的经历。这堂课强调思考生活中的宏大问题,很少关注专业哲学家的观点。我记得在教室里和其他学生讨论我多年来一直在思考的问题是多么令我兴奋。

我最终获得哲学专业的研究生学位,主要是因为我早期对哲学的兴趣,以及哲学探究的方式,启发我从更深层次去理解人类经验。然而,在研究生学习期间,我意识到大多数时候,在我讲授的本科生哲学课上,我的学生并不是真正在做哲学。他们在探究哲学时是被动的观察者,而不是真正的参与者。

通常在这样的情况下,这些课程包括通过教授学生一些论点——由古典哲学家和当代哲学家提出——来训练学生进行哲学思辨。他们也学习了一些重要的相关技能,如构建一个连贯的论证,发现逻辑推理的错误,假设和考虑相反的可能哲学观点。然而，尽管对哲学感兴趣（毕竟他们选择去上课），但他们在课堂上对于诚实地谈论自己的想法仍然保持沉默，显然是对他们的同龄人关于他们的看法有所顾虑。他们对哲学的好奇心常常被他们的顾虑打倒，他们更感兴趣的是如何取得好成绩，并确保花大量时间来复习考试内容。哲学只是在他们的成绩单上出现的学术科目，他们很少思考自己的问题，也很少考虑哲学探究对他们生活的潜在影响。

大约在这段时间，威尔到了该上幼儿园的年龄。在此之前，13我从来没有真正思考过儿童的哲学能力，我猜他们可能不具备哲学能力。然而，在威尔四五岁时，他会问一些问题，并寻求那些显然哲学的对话。他关于梦的问题暗示了他对一系列问题有好奇心，如为什么我们做梦，梦是否真实，我们如何知道什么是梦。他提出的问题还会涉及同一性、公平和自由等主题。

我发现自己对这些问题的反应是热情的。我非常兴奋地意识到威尔是哲学对话的可靠伙伴。通常，他主动提出这些问题，他也很愿意与我一起思考这些问题。

我问威尔的幼儿园老师，我是否能去参加一些哲学课程。当我第一次走进 5 岁学生的课堂时，我非常紧张。我曾经教过本科生，但从没教过儿童。我分享了艾诺·洛贝尔的《青蛙和蟾蜍好伙伴》中《恶龙与巨人》（"Dragons and Giants"）的故事，这个故事引发了关于勇敢的本质问题的思考。在给儿童读完这个故事后，我们展开了有趣的讨论，围绕如下问题：你如何知道自己是否勇敢？你是否能同时勇敢和害怕？一旦勇敢，你是否永远都是勇敢的？对我来说，这让我想起了我在高中时的经历，通过和其他人一起思考而不是通过研究哲学家的想法来讨论这些问题。尽管儿童的语言能力不如大学生，但他们确实反映了我们所探究的问题，我们真的在做哲学。

与儿童一起成为共同探究者

通常在父母与儿童的互动中，或者任何成年人与儿童的互动中，成年人都是专家，通过提供答案来回应儿童的问题，然后儿童会接受答案。儿童需要多层次的指导，我们的工作是帮助他们发展他们在社会上谋生所需要的技能。成年人成为儿童的信息来源，提供智慧，帮助儿童驾驭复杂的、通常难以理解的行为标准和社会实践，这是很自然的事情。在成年人与儿童的交流中，成年人所具有的导师和教师的角色成为支配性的范式。

哲学探究提供了与儿童进行不同类型互动的机会，因为哲学问题并不是提问者所期待的答案。事实上，那种有任何明确一致认可答案（使问题具有哲学性）的问题也不存在。因此，为了回应儿童的问题，我们的角色必须转变。

因为哲学探究包含了没有终极答案的问题，所以这些讨论不要求成年人成为"智慧的宝库"。事实上，主导者的角色在哲学对话中起反作用，我们所追求的是广泛而开放的思想。这就要求我们去倾听儿童的问题，承认他们的困难，并以开放的态度回应。我们不再是专家，而是与儿童共同探究，从哲学层面更好地寻求理解人类经验。

与儿童成为共同追问者意味着什么？从根本上说，对儿童提问的回应可以通过反思来完成。儿童在问什么？倾听那些引发哲学探究的问题（如"数字真实吗"），然后，不要立即回答问题，而是从儿童身上找出促使问题产生的原因（如"我只是在想数字——你看不见摸不着它们，但它们是真实的吗"）。你自己想想这个问题，你可能会回应以如下问题：为什么你认为我们有数字？你认为什么东西是真实的？

问问你自己，当一个儿童向你提问时，他是否在寻找意义，试图深入地以一种深刻的方式理解一个概念或想法，或者寻求一个实用的方法（如他提出"你怎么区分时间"这一问题，这可能不是在邀请你讨论时间的性质，但提出"时间是什么"这一问题则可能是）。试着不要预先判断儿童说的是不是"哲学"。在第一次探究会上被提及的哲学问题，通常并不表明它可能导致什么样的探究。

不久前，我读了一篇博客文章。作者在其中讨论了儿童有时候会问的难题，并提倡给他们一些简短的答案。例如，有的儿童会问："为什么我喜欢粉色？"作者建议给出这样的答案，即可能让儿童意识到我们把喜欢的颜色和喜欢的东西联系在一起，如糖果或女生的衣服，这样有助于其理解为什么我们喜欢某些颜色。

我对这类问题的回答会完全不同。我更有可能问自己："为什么我喜欢粉色？"由此产生一系列问题：为什么你认为你喜欢粉色？如果你喜欢粉色，你会喜欢白色和红色吗？粉色对你总是一样的吗？有不同种类的粉色吗？你怎么知道什么东西是粉色的，而不是红色或紫色的？我们是否总是对颜色有同样的感觉，或者我们的感觉有时会改变吗？……

当儿童从哲学角度来审视问题时，他们会加入一个已经持续 *15*

了几千年的对话，但这个事实并不是他们特别感兴趣的。他们并不是要去理解哲学的历史，也不是要在一个特定的主题上对哲学家的复杂观点进行探究。他们只是好奇各种各样的问题和想法，而我们可以和他们一起思考。从某些方面来说，儿童是理想的原初哲学家，因为他们不必纠结于长期的、经常未经检验的关于他们对世界了解的假设。他们认为自己知之甚少，并且觉得不需要证明自己比别人知道得多。

尽管成年人常在哲学对话中使用更宏大的概念和生活体验，但是儿童却用全新的、开放的视角来探究所有可能的观点。我们可以把儿童的天真视为一种力量，因为他们检验了许多可能的哲学问题答案。他们对于富有想象力地思考一个问题可以无所顾忌，不会担心犯错或听起来很傻，而是会以开放的方式分享自己的想法。这允许加雷斯·马修斯所说的"自由探究可能性"（free exploration of possibilities）出现[9]。

例如，当探究我们对世界的了解时，我们认为我们房子前面的树可能不存在，这似乎是愚蠢的。我们怎么知道它在那里？我们看到它，但是我们确信看到的一切都真的存在吗？我们的感官有时会误导我们吗？或者，我们现在正在做梦，我们会醒过来并发现家附近没有树吗？或者［就像柏拉图的"洞穴寓言"（Allegory of the Cave）或电影《黑客帝国》（*The Matrix*）中那样］，我们所看到的一切都只存在于我们的头脑中，我们被愚弄了，所以才相信我们真的正在经历真实的世界吗？对问题思考得越深入，你就越有可能认为这棵树真的不存在。

虽然我是一个受过专业训练的哲学家，但是在我与儿童的哲学对话中，我的角色不是专家。事实上，了解太多的哲学（知识）可能会阻碍对话的展开。在和儿童交谈时，我常常不得不把自己的哲学背景放在一边。的确，儿童的哲学探究并不注重哲学中的历史性、知识性和复杂性。当一个儿童试图理解自己的哪些特征是同一性的核心时，谁会在乎约翰·洛克（John Locke）对个人同一性的看法呢？当我和儿童谈论哲学时，我总是小心翼翼地避免使用专业术语和参考"哲学专家"的观点。毕竟，我所感兴趣的，是儿童的问题和想法。关键不是教他们哲学，而是和他们一起学哲学。

因此，与你的儿童一起思考哲学问题，不需要有任何学术哲学的背景，哲学属于我们所有人。有些人认为哲学是一门狭隘的学科，专为那些致力于思考与现实生活无关的问题的专业人士设置，这是一种污辱。当你思考如何为行动辩护时，当你怀疑某件事的真实性或支持某件事是真实的时，你就在从事哲学思考。哲学从我们的日常生活开始，并促使我们更深入地审视日常生活。发展一种更哲学的生活方式，需要培养人们的怀疑精神和批判意识。

哲学思维的情感维度

哲学探究产生的兴奋通常不是来源于学习，而是来源于与儿童进行的哲学对话。我在本科和研究生期间修过的哲学课程只有少数涉及我曾经感兴趣的问题。学术哲学在理性角度是引人入胜的，但它很少考虑到哲学探究的情感维度。

我们在还年轻的时候，开始思考生活中的一些重大问题。我们对它们的感觉就像我们对它们的认知一样。在我看来，哲学思考中最重要的元素之一，往往不在专业哲学家的工作和讨论中，而是这些问题的情感意义。哲学家雅各布·尼德曼(Jacob Needleman)认为，仅用科学的和学术的头脑来解决哲学问题是不可能的。[10]例如，问是什么造就了我们，不仅是一种认知层面的练习，而且是对思维问题进行反思，包括对自己、关系和未来进行思考。我们对最基本问题所做的思考，说明了我们是什么样的人。

　　同样，当我们询问关于这个世界我们真正了解什么的时候，我们正在挑战日常生活的核心，其中，我们认为所感知到的是存在的。不过，我对自己感知到的关于世界的一切，可能与世界的真实情况几乎没有什么联系。感官允许我以某种方式体验世界，这与蝴蝶的经历有很大不同。但是，就这个世界究竟是什么样子的来说，它本身可能并不是我(或蝴蝶)感受到的样子。在我看来，反思并不仅仅是一项学术性的活动。正如我见过的一名小学生曾经说过的那样，"哲学可以改变我对一切事物的看法"。

　　事实上，哲学就是要改变我们对一切事物的看法，不一定是我们的想法，还包括我们的思维方式。一种没有答案的生活方式可以无挑战性地被接受，哲学探究的目的是让我们继续活在每一个行动所具有的谜题中。我们日常生活的意义和我们做出的所有努力都具有哲学性。真实地拥有这些想法使这个世界变得更加丰富。

17

哲学对话会走到哪里

我很高兴有机会和我的三个儿子成为共同探究者。要想对他们提出的问题做出回应，就要发现他们真正的想法，然后试着分析他们的问题。这为我们提供互相帮助的机会，帮助我们解决问题，而这些问题有时是非常困难的，有时只是娱乐性的。我没有发现新的思考问题的方法，也从来没有从与儿童的哲学讨论中离开，即使我们已经讨论过很多次了。

我的儿子现在都还是青少年。多年来，我们的哲学交流为我们的关系创造了另一个维度。这是我们都很感兴趣的领域，没有人能确定大多数问题的答案。这使我们能够以一种更平等的方式参与讨论，而不是采取一种简单的交流方式。回顾过去，在我看来，多年来进行的哲学讨论大多通过一种开放的、探究的、伴随幽默感的方式展开，帮助我建立了与他们之间的关系。这真的很有用，因为他们已经进入了一个更情绪化、更社会化、更有挑战性的人生阶段。

现在我们的对话不再仅仅发生于睡前的读书环节，而是扩展到汽车上，去送他们参加活动的路上。我关注他们的问题，试着以一种开放的方式回应他们，思考他们在想什么。事实上，任何事情都可以激发出哲学上的对话，而我也在寻找能吸引他们的问题。（实际上，特别是当他们长大后，有时其中一个会看着另外两个或我，说："好吧，我们就这个问题展开一场哲学讨论。"）

因为有很多哲学上的对话，我相信三个儿子能够和我们夫妻谈论他们在青少年时期遇到的问题（如喝酒、宵禁、开车、大学准备），相信他们能够更冷静、更深思熟虑地（至少在某些时候是这样）思考这些问题，而不是临时抱佛脚。和三个儿子的交流很轻松，这似乎反映了我们夫妻关注他们的问题，尊重他们的自主权和观点，鼓励他们培养对自己能力的信心，以便他们对产生的问题进行评估。

然而，这并不意味着我和他们的每一次互动都是哲学的，也不意味着我和他们在这些谈话中所培养的平等已经模糊了父母和儿童之间的界限。重要的是平衡儿童和父母的角色，使双方成为共同的讨论者。也就是说，我所描述的这些讨论不一定是你想和你的孩子进行的讨论。几乎任何事情都可以作为一个哲学问题来解决。哲学对话有时是可取的，有时则不然，如果你自己，你的孩子，或者两者都没有时间或意愿去进行哲学交流，那么哲学对话便不会有效。

我们夫妻已经把三个儿子培养成为具有怀疑精神和批判意识的思想家。"我为什么要这么做""为什么我不能这样做"，在我们的家里，这些是常见的问题。有时这些问题会引发关于伦理、共同体和道德义务的有趣讨论。然而在其他时候，它们只会简单地导致如下借口："因为我是你的母亲，是一个成年人，这是我的决定。"有时候，虽然我们这样说，但还是可以开始一场哲学对话。（即使我们的决定很明确，我们仍然可以继续对话。）

这些界限并不容易维持。（当然，即使没有哲学，它们也是一种挑战。）但是，如果哲学对话是恰当的，你就是可爱的和坦率的。当它是不恰当的（这本身可能是一个哲学问题）时，你则可以发展我所描述的那种对话，而不会在家庭中失去权威。我可以和我的每一个孩子公开交流，如讨论做一个好人意味着什么。在这种交流中，孩子的观点和我自己的观点一样有价值。然而，这并不意味着我不能在几分钟后对同一个孩子说："不，你不能在外面待到深夜两点才回家。"

对我来说，最重要的是与儿童进行哲学讨论，帮助他们更清楚地思考我所知道的他们已经在思考的问题。个体成长的主要任务之一就是了解世界，了解自身在其中的位置。要有效地做到这一点，我们就需要掌控自己的生活，做出决定并采取行动以便让自己过上尽可能好的生活，以及培养一种对寻求真正理解的挑战和回报的感受。

如何开始哲学对话

> 考虑到知识和经验之间的巨大差异，儿童会去考虑他们对世界的理解，以及他们在世界上所发生的事情，就像我们做的那样。[11]

起初，父母对儿童的回应可能会让双方产生一种哲学上的交流。父母在哪些方面可以对儿童的问题做出回应，从而开启哲学对话？儿童问的一些经典哲学问题是什么？为促进与儿童的哲学讨论，父母能做什么？

为了促进哲学对话的开始，我认为了解一些传统意义上的哲学子领域很有用。同样，并非只有有限数量的主题符合哲学的要求。但是，你要求儿童具有的哲学敏感力，可以通过哲学家传统的解决方式来增强。

形而上学涉及关于现实之本质的问题，包括上帝是否存在，我们是否有自由意志，我们的思想和身体是如何相关的，时间，生命的意义，以及同一性问题等。认识论检验了我们如何知道或如何去相信任何事物，并且，它分析了我们所相信的知识来源，如知觉、推理、记忆、经验和科学。伦理学提出了如下问题：什么使我们的生活变得美好？我们如何知道在面对困难时做出正确的选择？如何定义一个好人，为什么这是重要的？最后，美学涉及对艺术、美这二者的本质的研究。

在第三章到第六章，我依次探究了这四个领域[12]，并提出了与儿童讨论这些问题的想法。在此过程中，我谈到了逻辑——另一个传统的哲学领域，以及一些用来区分推理得好与坏的方法。在这几章中，我将描述各种各样的资源（主要是书籍和电影），以便与不同年龄阶段的儿童进行哲学讨论。

就像我说过的那样，与儿童进行哲学对话，并不要求父母一定具有哲学学位。我认为，父母和儿童一起激活我所说的哲学敏感力，这是很重要的。哲学敏感力包括对日常生活哲学维度的认识，也包括对我们所说、所做和所思背后隐藏的秘密的一种感觉。我们通过本身能力来探究关于人类存在的抽象问题，并与他人进行互动。在第二章中，我描述了哲学敏感力，讨论了父母和儿童通过对话来培养这种能力的方式。我还演示了如何邀请儿童进行哲学探究，而不会吓到他们，并提出一些问题来帮助父母创造一个哲学对话的空间。

儿童渴望就宏大问题展开对话。我认为，许多儿童习惯了在最普通的生活经历中感受其蕴含的奥秘，并深切地关注着这些问题。他们渴望与我们进行哲学上的探究，如果我们愿意，则他们能够帮助我们重新唤醒我们对加雷斯·马修斯所说的"天真而深刻的哲学问题"[13]的意识和热情。

注　释

[1]同样地，童年的本质很少被进行哲学上的考虑。尽管教育工作者、心20理学家、社会学家、其他社会学者和人文学者传统上对童年及其在人类生活中的作用给予了极大的关注，哲学家一般都没有探究过童年的哲学层面，除了边缘性地或轻蔑性地去探究。然而最近，几位哲学家开始将童年视为一个独特的哲学领域。对此，我们可参见加雷斯·马修斯的《童年哲学》(*The Philosophy of Childhood*. Cambridge，MA：Harvard University Press，1994)；戴维·肯尼迪(David Kennedy)的《从文艺复兴到后现代的儿童概念转弯：基于儿童哲学视角》[*Changing Conceptions of the Child from Renaissance to Post-Modernity：A Philosophy of Childhood* (New York：Edwin Mellen Press，2006)]；塔马·夏皮罗(Tamar Schapiro)在《文化客体》[*Ethics* 109，no. 4(1999)，pp. 715-738]中对"什么是儿童"这一问题的探讨；艾莉森·高普尼克(Alison Gopnik)的《宝宝也是哲学家》[*The Philosophical Baby：What Children's Minds Tell Us about Truth，Love and the Meaning of Life* (New York：Farrar，Straus and Giroux，2009)]；等等。

[2]参见由伍迪·艾伦(Woody Allen)执导的电影《安妮·霍尔》(*Annie Hall*，1977 年上映)。

[3]Gareth Matthews，*Dialogues with Children* (Cambridge，MA：Harvard University Press，1992)，pp. 52-53.

[4]Aristotle，*Metaphysics*，980a21.

[5]尽管我指的是我们试图理解人类生活和世界这二者的更大的问题，即"哲学自我"，我不打算用这个短语来假定多重自我的存在。对于这个短语，我指的只是自我的哲学层面，就像我们所说的"艺术自我"一样。

[6] Gareth Matthews，*Philosophy and the Young Child*（Cambridge，MA：Harvard University Press，1980），pp. 34-35.

[7]Bertrand Russell，*The Problems of Philosophy*（New York：Oxford University Press，1997），p. 156.

[8]本书的最后，列出了建议儿童阅读的文学作品。这些作品具有哲学意义。

[9]Matthews，*Dialogues*，p. 19. 美国哲学家、认知心理学家艾莉森·高普尼克推测：研究表明前额叶皮层是大脑最晚成熟的部分之一，这可能意味着，虽然幼童的大脑缺乏形成和执行复杂计划所必需的部分，但缺乏与前额叶复合体相关的抑制可能会极大地有助于以富有想象力的方式接受对学习至关重要的所有可能性。Gopnik，*The Philosophical Baby*，p. 13.

[10]Jacob Needleman，*The Heart of Philosophy*（New York：Penguin Books，2003），p. 5.

[11]Susan Isaacs，*Intellectual Growth in Young Children*（London：Routledge，1930），p. 57.

[12]许多其他哲学领域也从传统的核心范畴发展起来，包括社会政治哲学、语言哲学、心灵哲学、女性主义哲学、存在主义哲学、法哲学、生物伦理学、数学哲学等。

[13]Matthews，*Dialogues*，p. 3.

第二章

哲学敏感力

等院子空了

唤出童年的玩伴

那个人，闭上眼睛

假装什么也看不见

那个人，你曾告诉他所有秘密

以及那个人，创造一个隐藏的世界。

不要忘了那个会静静聆听的小伙伴

当你大声惊叹：

宇宙是一面空无一物的大镜子吗？还是一棵会开花的树？

宇宙是一个妇人的睡眠吗？

——摘自：李立扬(Li-Young Lee)，《在我的眼睛后面》(*Behind My Eyes*)诗集中的《生成转化》("Become Becoming")[1]

某天夜里，在聊到我去世一年的父亲时，17 岁的儿子戴维说："外祖父的死让我意识到生命是如此的短暂，它的意义到底是什么呢？比如，为什么要认真工作，又为什么要接受好的教育？"

我们开始讨论生命的目的从何而来，以及教育如何实现生命的目的。最后的结论是，教育同时具有工具性目的（获得一份高薪工作、养活自己、获得地位）和内在目的（学习他人所做的和所创造的而获得固有回报），你看待教育的方式很大程度上决定了它将给你带来什么。

"或许，"戴维说，"是这样的，有时候教育的目的就是帮助你明白怎么过上最好的生活。"他继续说道："我真想看看那些不为生活努力的人，那些甚至都没有考虑过这件事的人。"

我说："这让我想起了我还是一个孩子的时候，我常常暗自思考，面对我仅有的生命，我怎样做才能让它有意义呢。"戴维点点头说："那正是我的意思！这是我的生活。思考生命的目的并竭尽所能地去实现它显得尤为重要。我的意思是，即使没有伟大的目的，让生命有意义并在某些方面做些重要的事情也是十分重要的。"

关于存在的问题

后来我对如下方面进行了反思：戴维更深层次的认知能力和讨论能力，戴维在如何对待大学和生活等问题上的看法，以及他对更深入地探究这些问题与生活中其他方面之关系的兴趣。我想起了当自己还是一个儿童时，对这些问题是多么的好奇。我认为，大多数青少年都热切地希望理解这个世界和他们所经历的一切，并且经常在放学后和其他人讨论这些问题。成年人也有这一面，但是他们倾向于忽略这些问题。

我们想要鼓励孩子有意识地、清楚地思考他们的经历和选择，自己却总是从这件事跳到那件事，不愿花更多的时间思考这些宏大的问题。成年人常常忙于应付日常工作，因而容易忘记思考对我们来说很重要的问题——我们存在的原因、爱的本质、自我和同一性、我们能获得关于世界的哪些知识、怎么判断一种生活是好的生活——但是在面临极大的个人挑战时，这些问题会压垮我们。通常，只有当所爱的人死去，丢掉工作，或者面临其他重大损失或失落时，我们才能意识到思考人类存在的意义等问题是何等重要。

意识到如下这一点会是毁灭性的：我们正过着没有经过检验的生活，没有真正试着理解自己下意识的活动。即便我们用毕生的精力去自我理解，也只能了解其中的一部分，但是持续的自我反省和自我追问可以让我们更清楚地意识到自己是谁，以及自己为什么这样做。密切关注和寻找能引起哲学思考的隐藏假设需要我们培养哲学的头脑，即持续分析自我思考的方式。这将让我们成为更明智的思考者，在我看来，这也是我们在练习更好地把握生活上所需要的最重要的技能。

如果我们希望自己的孩子能自然地思考日常生活中隐藏的基础性问题，希望他们提高分析自己思维的能力，如果我们想要加入他们，我们就必须对那些未被审视的东西加以注意。这就需要培养我所说的"哲学敏感力"——一种潜伏在我们身体内，质疑和分析这些宏大问题的能力。

什么是哲学敏感力

哲学敏感力涉及提高我们的如下两种能力：识别和思考与人类境况有关的基础性问题的能力，以及不满足于任何已有答案的能力。这一观念建立在亚里士多德的人类固有品质观点上，即这些能力可以随着时间的推移和训练的增加而得以发展。亚里士多德强调，道德知觉能力一旦养成，人们就能轻松辨别复杂道德情境中的显著特征。[2]这种由经验和教育培养起来的能力使我们发现经验中重要的道德层面，并把握特定道德决策中的关键。

同样，对日常经验的哲学维度的敏感也是一种理解世界的方式，它也会随着训练的增加和经验的积累而不断增长。哲学敏感力提高了我们的警觉性，即意识到事物的呈现方式并不一定反映它的本质。这种能力的发展帮助我们发现问题、信念、情境中常被忽略的哲学的一面。它包含着推理和想象，运用逻辑能力、分析能力和想象力去设想不为人熟悉的可能性，以及找到关于在最简单的事情中进行探究的想法。

　　例如，建立和维护友谊的活动对儿童的生活至关重要。我们鼓励儿童参加娱乐活动、交朋友以及学习如何成为一个"好朋友"。但是，什么是好朋友？拥有很多朋友对儿童来说十分重要（尤其是，当在网络社交平台上交朋友对很多年轻人来说已经变成一项非常重要的事业时），但是我们通常并没有和儿童讨论如下问题：什么让他人成为我们的朋友？真正的友谊有哪些构成要素？为什么友谊这么重要？……

　　我们的生活中存在着大量悬而未决的问题，对这类问题的兴趣就孕育了哲学敏感力。思考这类问题唤醒了我们天然的亲和力，使我们去思考隐藏在表象背后的疑惑，也让我们认识到那些在本质上相互联系着的问题。我们越是经常审视存在的这一维度，日常生活中的哲学疑惑就越清晰地展现在我们眼前。随着时间的推移，对生活中未解决的、具有深度的难题的关注，能帮助我们培养起一种更敏锐的分析能力。一旦这种能力养成了，它就会成为人类的第二天性。

　　教育心理学家霍华德·加德纳（Howard Gardner）曾提出"存在智力"（existential intelligence）的概念，我认为它与哲学敏感力相关。加德纳将它定义为一种"提出并思考生命、死亡和终极现实等问题的倾向"[3]。如他所说，存在智力是如下能力。

　　　　在最大程度上可触及（无穷大和无穷小）的宇宙中对自己进行定位的相关能力，在人类境况的存在特征（如生命的意义、死亡的意义、身心世界的终极命运等）上对自己进行定位的能力，以及在诸如爱一个人或者全身心沉浸于艺术工作的深刻体验中对自己进行定位的相关能力。[4]

换句话说，拥有存在智力的人会尤其关注自身在无限宇宙中所处的位置。他们对人类境况问题，如生命的意义、死亡的意义以及意识的目的等，拥有更强的意识。

哲学敏感力则是为认识和反思加德纳的存在主义问题（与生命、死亡和现实有关的问题），以及其他哲学问题（如知识、伦理、艺术与美、公正与自由等）而培养的能力。这种就生活的最基本元素进行一般性、探寻性追问的倾向，以及对确定性答案质疑的倾向一旦养成，就会帮助我们更容易地察觉日常生活中隐藏的意义和秘密。

自然敏感力和审美敏感力

将哲学敏感力与其他敏感力进行比较，有助于阐释我的观点。我将列举如下两种敏感力：一是对自然世界的敏感力，即自然敏感力；二是对生命中艺术层面的敏感力，即审美敏感力。一些人更愿意培养这两种敏感力，或天生对它们更感兴趣。我们形成某种知觉敏感力后，就能发现不具备这种敏感力的人看不见世界的特定方面。

自然敏感力包括注意到生物差异的能力，以及对被大多数人忽视了的自然世界中的细节与改变的发现能力。例如，走在树林里的自然科学家会注意到植物、岩石、昆虫之间的细微差别，而不善于观察的我们则不会注意到。一个自然科学家将会"看见"一张关系网，"看见"机体内部微妙而又复杂的连接，而没有自然敏感力的人将看不见这些。与此类似，有审美敏感力的人能够理解音乐、视觉艺术、舞蹈或其他艺术媒介的特点，没有这种敏感力的人则不能理解。例如，一名艺术评论家的训练和经历会帮助他辨别绘画的细节、部分与整体的关系，而这些是其他人无法做到的。

你和你的孩子获得哲学敏感力后，隐藏在人们言行中的假设和疑问对你们来说会越来越明显。在其他人没察觉的情况下，你们将会发现言行背后的哲学思考的细微差别。例如，一些人会发现我上面论及自然敏感力时提到的"自然世界"看起来是指代植物、动物以及自然的各种特征。一个对哲学敏感的人会问"你认为的自然是指什么"这类问题，并发现人们经常使用这个术语去指代非人造的世界。但是，人类难道不算是"自然"吗？人类种植的作物是自然吗？……

网络社交时代的哲学

当我们训练自己处理哲学问题和进行哲学反思的能力时，我们会逐渐熟练于把握住生活中的哲学韵味。越这样做，我们对存在的意义以及我们在宇宙中的位置进行思考的能力就越强。

就像培养对自然世界或艺术的兴趣一样，哲学敏感力的培养需要时间和毅力。哲学敏感力不是花几分钟或者在做其他事情时就可以顺便养成的能力。它需要投入和专注。用哲学方法解决问题、探究思想并不是容易的，一旦你能够哲学地思考问题，其他问题和想法就会源源不断地涌现出来。当我和自己的孩子或者班上的学生进行哲学讨论时，大家就常常完全沉浸在讨论的主题中，而忘记了时间。我不记得我有多少次提醒过学生该停下来吃饭了，他们却请求道"再讨论一个问题"，即使我朝教室门走去，他们仍然坚持。

哲学繁荣的精神世界不同于电子通信平台造就快速、跳跃的世界，后者是我们时常所处的空间。这个时代充斥着太多的快速、短暂、不连续的思考，在这些思考里我们从一个主题跳到另一个主题，不会花大量集中的时间专注于一个主题。我们的媒体文化创造了肤浅的声音片段来替代包含意义的表情。马克·吐温极好地把我们所熟知的声音片段这一概念描述为"最贫乏的声音表意最丰富的表情"。这或许是一个精确的表述。一种核心哲学观点囊括大量的当代话语是很难的，但很必要。

当我们挤出时间做深入思考时，哲学就会繁荣起来。最近，一位同事提醒我，当我们和儿童一起做哲学时，放慢脚步很重要。[5] 和儿童做哲学探究的一个优点是，这个活动让我们慢下来，集中注意力，尽可能深入地、有想象力地思考。我们必须花时间去检验自己的观点是否正确，验证是否还存在其他思考方式，以及注意事物被呈现的方式虽然看起来只有细微差别却能引起意义和影响上显著的变化。将时间用于反思这些问题通常不是我们生活的优先选择，因此除非我们向儿童指明道路，否则他们不会意识到花时间反思他们自己的思维，以及思考日常生活中最普通的时刻所涉及的那些宏大的、抽象的问题是多么的重要。

在家庭中，这意味着我们必须停止一系列诸如"我现在不得不做这件事"的想法和行为。我们进入一个缓慢的、善思的空间。在这里，我们和儿童探究各种概念和想法，不必急着去做其他事或者对某一事物达到完美的理解。通过一起经历"缓慢的时光"，我们对哲学反思将会越来越熟练。

如何培养哲学敏感力

很多资源和活动都可以帮助发展哲学敏感力。参加哲学谈话、阅读哲学书籍、听哲学讲座、观察其他哲学性的讨论，以及反思文学作品和艺术作品中的哲学层面等，都为哲学敏感力的培养提供了经验。

比较容易获得的是适合成年人阅读的哲学作品，比如丹尼尔·C. 丹尼特（Daniel C. Dennett）①和道格拉斯·R. 霍夫施塔特（Douglas R. Hofstadter）②的《心我论：对自我和灵魂的奇思冥想》（*The Mind's I：Fantasies and Reflections on the Self and Soul*），伯特兰·罗素的《哲学问题》（*The Problems of Philosophy*），罗伯特·诺齐克（Robert Nozick）的《经过省察的人生》（*The Examined Life*），托马斯·内格尔（*Thomas Nagel*）的《你的第一本哲学书》（*What Does It All Mean?*）。另一个好资源是一本针对哲学爱好者的杂志，即《今日哲学》（*Philosophy Now*）。线上资源，如哈佛大学教授迈克尔·桑德尔（Michael Sandel）的"正义"公开课，通过 12

① 丹尼尔·C. 丹尼特，美国作家，代表作有《自由的进化》。——译者注
② 道格拉斯·R. 霍夫施塔特，美国认知科学家。——译者注

节课对正义和道德进行了一系列的讨论。一个面向大众的 1 小时广播系列节目《哲学会谈》(*Philosophy Talk*)，也是一种进行哲学趣味讨论的线上资源。更多的资源详见本书最后的推荐列表。

儿童文学

> 能从一本书引出许多问题是多么令人惊讶啊！
>
> ——布莱斯(Bryce，11 岁)

对那些希望思考哲学问题的父母和孩子来说，儿童文学可以提供丰富的资源。父母在给孩子阅读故事时，常常忘记提问或者从故事中引出讨论。但事实上很多儿童图书为哲学研究提供了自然的刺激。当和你的孩子一起阅读绘本、早期读物、入门书和青年文学作品中的故事时，你可以询问孩子这个故事让他想到了什么，倾听他的问题和想法，不要着急给出答案。几乎所有的问题都能引出哲学讨论，我们需要做的是找出困惑点或者好奇点，然后邀请孩子进行探究。

在此我简单地介绍一下两本绘本，以及简单地讨论本书后面的章节也会涉及的一些儿童故事。《绒布小兔子》(*The Velveteen Rabbit*)是玛格丽·威廉斯(Margery Williams)的经典著作，讲述的是一个小男孩儿与绒布小兔子之关系的故事。该书从玩具的视角讲述，简单明白地提出了一些问题，如什么是真实，以及是否存在一件事比其他事更真实。真实意味着什么？真实有不同的层次吗？这些是经典的哲学问题，阐明了日常使用的概念背后的疑

28

惑。当我们说一件事是真实的时，我们到底想表达什么？什么让事物变得真实？独角兽是真实的吗？一些事比另外一些事更真实吗？电影是真实的吗？一些事能成为真实的吗？在下一章中，我将会更仔细地讨论《绒布小兔子》和分析这些问题。

另一个经典的童话是安徒生的《丑小鸭》，它同样引起了关于美丽、同一性和理解力的许多问题。"丑"小鸭真的丑吗？丑是什么？你能今天丑而明天不丑吗？如果有人认为丑小鸭是漂亮的，丑小鸭还丑吗？我们怎么判定美与丑？如果所有人都认为一个东西是漂亮的，它就真的漂亮吗？故事结尾时的丑小鸭和故事开头时的丑小鸭还是同一个吗？随着时间的推移，人们仍是其所是吗？保持不变的是什么？我将会在第六章分析艺术和美的时候更深入地分析《丑小鸭》。

认真对待儿童的问题

当我最小的儿子杰克逊上小学时，我和他经常讨论我们一起阅读过的书，或者他独自阅读的书。在他八九岁的一天晚上，他问我："小说是真实的吗?"我当然可以认为他是想了解小说和非小说的区别，但是我不完全确定他想的问题是否是我理解的这样。

于是我反问："你为什么问这个问题？"

"我的老师说非小说类文学是真实的，小说不是真实的。"他回答，"但是小说中提到的很多事情让我感觉是真实的，所以我想知道小说是真实的吗?"

我们接下来花了半小时的时间讨论小说中是否可能包含真实

的东西，以及非小说类文学是不是总是真实的。这毫无疑问地让我们开始思考，当我们说某样东西是"真实"的时，我们所想表达什么。我们想表达的是指"真实存在"吗？我们能知道关于某事物的真相吗？为什么不同的人看见相同的事物留下的印象却不同呢？我们的思想和感知会影响我们对真实的判断吗？如果会产生影响，那么我们怎么知道实际上发生了什么？

"我不确定这个问题有一个答案，"杰克逊最后总结道，"但是还有很多值得思考的！"

儿童总是不断提问题，以至于他们的问题很容易被忽略或者被打断。在某种程度上，很多儿童接收到的信息是其问题不受欢迎。这种情况在学校里尤其常见。儿童了解到，有问题意味着他们还没掌握他们应该掌握的一些事情。公开问他们不知道的问题，可能会让他们在某种程度上感到害羞，或者至少感到尴尬。六年级的学生很明显在试探性地提问，但这在幼儿园是没有的。

实际上，中小学教育不鼓励提问。作家、教育家约翰·霍特（John Holt）说，学校教育孩子的方法是"答案中心"——一个问题意味着有一个答案需要被寻找——常常靠询问老师或者直接猜测；而不是"问题中心"——与"答案中心"截然相反，一个难题需要的是沉思和分析。之所以如此，是因为学校"以获取正确答案为宗旨"[6]。典型的表现是，当教师在课堂上提出一个问题时，他的目的不是围绕该问题展开一个对话，或者论证这个问题的价值，而是从学生那里获得一个特定的答案。学生事实上花费了很重要的一部分在校时间去探知教师问题（课堂上提出来的或考试中的问题）的正确答案。成年人有时候认为儿童的问题有破坏成人权威的可能性，尤其是在以内容为驱动、以教师为中心的传统中小学教育中。

我们的社会通常会压制儿童提问。虽然我们不再相信"儿童应该被看见而不是被听见"，但是这种说法背后的态度依然延续至今。即使那些想了解儿童思考和感受的成年人也常常不能做到停下来去理解儿童在提问时真正想知道的是什么。但是提问是一项很重要的能力，儿童可以借此鉴别信息流、收集决策时需要的信息，并且这也能展示出不同儿童在特定主题或场景中的理解差距。儿童越能有技巧地形成问题，就越能清楚地、完整地思考。[7] 发展这种能力的唯一方法就是实践。

绘本《为什么?》(Why?)[林赛·坎普(Lindsay Camp)著，托尼·罗斯(Tony Ross)插图]阐明了问题和提问这二者的价值。这是一个关于莉莉(Lily)用"为什么"回应所有事情的故事。她的父亲试着去回答她的问题，但是有时候，"当有些累或者很忙的时候，"他仅仅回答道，"它就是这样，莉莉，它就是这样。"一天，一艘巨大的飞船在地球上着陆了，从中走出一群外星人，它们宣称它们的目标是摧毁这个星球。由于害怕，没有人出声，除了莉莉。她问的当然还是那个问题——"为什么"。在一系列"为什么"之后，外星人意识到它们并不知道答案，于是就离开了。问题能拯救这个星球吗?一直问"为什么"会使人感到生气，但是不提问则会变得十分危险。

30　　问题以及各种问题之间的关系是哲学的基础。反之，哲学是学生学习怎样提出好问题的最重要的学科之一。亚伯拉罕·约书亚·海舍尔拉比(Rabbi Abraham Joshua Heschel)曾经提出，哲学可被定义为"提出正确问题的艺术"[8]。让儿童参与到令他们感到困惑的哲学问题的对话中，能有效地帮助他们发展形成问题、提出明确的问题，以及清楚地表达问题的能力。这是因为这些问题的答案不是清楚明白的，而是悬而未决的。

认真对待儿童的问题还意味着以开放的方式去理解其问题。我们太习惯于给儿童的问题一个答案，好像我们已经完全理解生活中的方方面面似的。然而正是当我们对世界的认知，如哲学家马修·李普曼（Mathew Lipman）所说的那样，被揭示为"含糊不清，模棱两可，以及神秘莫测"[9]的时候，儿童才最能被启发去思考这个世界。问题是解决含糊不清和秘密的关键。与儿童一起提问可以让你和儿童一起思考这个世界，同时它也会鼓励儿童保持好问的天性。正如我的一名 11 岁的学生所说的那样，"哲学可以提供给你不同的思考方式，因为一个问题不只存在一个答案，而是有很多的可能性"。

与儿童进行哲学对话

和你的孩子一起做哲学探究开始于其自身对一些概念的兴趣，如真理、知识、认同、害怕、公正、道德、艺术和美等。在与你的孩子的对话中，你需要仔细地聆听他，回答他提出来的问题，跟随他分析一些概念、观点或者让他感到困惑的情境。你还应该试着不去假设你对他的问题已经完全理解，要询问他一些问题。当你和你的孩子开始培养哲学敏感力时，你们会自然地找到那些未经检验的哲学假设。讨论哲学问题将会帮助你们形成分析自己基本信念的习惯。这种练习在家人共同做决策时非常有帮助。

对我的大儿子威尔来说上学并不是一个轻松的经历。在我们为他选择小学时，最开始这个过程充满了紧张和压力。我和丈夫都相信，威尔获得一个良好的教育十分重要。然后我们开始问自己如下问题：教育最重要的方面是什么？教育的目的以及教育和学校的关系是什么？威尔可以不在学校里受教育吗？威尔进学校，以及进这所学校或者进那所学校的好处是什么？这些好处对我们来说真的重要吗，为什么？讨论这些问题，尤其是和威尔一起讨论这些问题，让我们形成了一个更连贯的方法去思考我们的选择，也允许我们做出一个经过仔细分析后的决定。

如果儿童对哲学探究不感兴趣或者不喜欢怎么办

一些父母担心探究不确定性的智慧会吓到孩子，或者会让他们怀疑父母传达给他们的价值观。还有人担心孩子会觉得哲学很无聊。

毫无疑问的是，开放式地回应儿童的问题和观点，以及鼓励他们独立思考伦理、知识、意义以及类似的主题，会使他们质疑公认的智慧和传统的价值观。你的孩子当然会质疑这些事情，但问题是你会不会和他一起思考这些主题。此外，有价值的价值观和理念经得起质疑（事实上，有时候还十分强烈）。如果你希望你的孩子了解自己的想法，有强大的适应力以及合理的信念，就必须让他自己去形成这些信念。

在我的经验里，儿童被哲学吓到的情况极少。他们对哲学探究通常表现出一种惊奇的、率真的敏感性。创造一个在智力和情感上都安全的讨论环境十分重要。在这个环境中，儿童在表达他们的观点时感到舒服，不用担心被审判或者被惩罚。这个环境是相互尊重、无偏见以及相互倾听的。

也就是说，哲学的确会令人不安。探究哲学问题会让人感到焦虑。例如，现实是什么？我应该怎样度过一生？自我是什么？正确宗教和错误宗教的差别是什么？正如一名 11 岁的学生曾经跟我说的那样，"思考这些问题让我感到头晕!"如果你遇到这样的情况，即你的孩子变得害怕或焦虑，所有常规的办法都可以用来帮助你的孩子。要记住，使孩子在某一年龄感到焦虑的东西将不会在以后的时光中再让他感到焦虑。

例如，当杰克逊大概 9 岁的时候，他和我有一段关于生命意义的对话。对话将我们引向对如下问题的讨论：如果现存的一切在数百万年以后都消失了，也不被记得了会怎么样？在一些时候，杰克逊的脸上显出紧张和害怕的神情，他低下头，对我说："我再也不想思考这些了。"

"好，"我摸着他的头回答道，"让我们换一种思路，你认为当我们死后我们的哪一部分还会继续活着？"

"我这样认为，"杰克逊说，"我们的身体死了，但是我们的精神依然活着。"

杰克逊的焦虑慢慢平息下来，对话转向思考人死后生命的可能性。在那一次后，我们又重新回到过这个主题，但是杰克逊再也没出现过焦虑的神色。

让一个人在某一时刻感到有趣、害怕或者惊奇的一些事情，或许在以后的时光中都不能再让他有这样的感觉。与儿童展开的讨论应该采取一种相互的方式，彼此的回应决定了对话的内容。因此，不对哲学讨论做任何预先的议程安排是非常重要的。再次提醒，倾听儿童的问题和评论，回应他们，也是十分重要的。以我的经验来看，讨论很容易从这样的情境中发展出来。

哲学探究永远不会无聊。儿童或许对听成年人滔滔不绝地讲他们的哲学观点感到无聊，而这种行为并不是探究。我们在此讨论的与坐在教室里听课不是一回事。当你和儿童进行哲学探究时，你们要一起找出问题以及最能触动你们的观点。接下来你们要做的便是针对儿童感兴趣的一切可能的主题进行探究。哲学方法涉及对被探究事物中的疑问和假设的关注，并强调以一种开放的和合逻辑的方式检验它们。当然，这并不意味着儿童总会兴致勃勃地和你一起进行哲学探究。和其他任何努力一样，了解他人的兴趣水平有助于你决定什么时候展开一个话题或活动最有可能成功。但是邀请儿童质疑、与你一起讨论让他感到有趣或者困惑的观点，会鼓励儿童形成自己的观点和理解他为什么相信该观点。

养成如下习惯是苛刻而困难的：一是质疑的习惯，二是寻找对生活和世界这二者的真实的（与非表面的）理解的习惯。检验那些对我们最有意义的问题很重要，在探究这些问题的过程中，更好地理解自己的思想和经验也十分重要。这是真正的学习，是一种最重要的学习方式——儿童不是只听成年人用已获得的知识发布指令，还清晰地表达自己的关注点并寻找意义。看着你的孩子试着表达他对一个难题的思考，努力真正地理解他自己的想法，并与你交流，是多么美妙的一件事情啊。

一些技巧

　　一个好的哲学对话不仅仅进行观点的分享。它还是一个意义寻求和澄清的共享过程。在此过程中，任何观点都是深思熟虑的结果，并且多种可能性都得到了检验。世界上从来没有一个能激起哲学对话的完美处方，但是有如下一些有用的技巧。

　　　询问孩子读物中让他感到困惑、有兴趣、感到重要的东西，或者其他任何可以激发你们对话的东西。（"这让你想到了什么？"）

　　　询问孩子所使用的抽象概念的明确意义。（"当你说一件事情不公平时你想表达的是什么意思呢？什么东西可以使这件事情变得公平？"）

　　　引出孩子表达一种观点的原因。（"你为什么说如果没有开始，任何事情都不可能存在？"）

　　　调查一个特定观点的背后意义。（"如果你认为公平是每个人都获得同样数量的东西，这是不是意味着当我们处于一个缺水的地方时，你感到口渴，而我并不感到口渴，但是我们依旧应该平分一杯水？"）

　　　揭示孩子观点背后隐藏的假设。（"你说你不能在不说话的情况下思考，你是不是假设画画的过程中没有思考？你能对图片进行思考吗，或者那并不是思考？"）

　　　帮助孩子认识两种或更多种观点之间的区别。（"一种观点认为杀人是错误的，因为上帝说那是错误的；另一种观点认为杀人是错误的，因为如果人们互相残杀，我们将会生活在充满恐惧和暴力的社会中。")

指出逻辑错误。["我理解你不喜欢阿什莉(Ashley)，但是这是否意味着她说的话都是错的?"]

寻找其他解决问题的方法。("如果你是家里十个孩子中最小的一个，公平对你来说意味着什么呢?")

指出两种观点之间的矛盾。("你是不是说过撒谎永远是错误的，又说过如果是帮助朋友的话撒谎是可以被接受的?")

随着你花更多的时间和孩子讨论哲学问题，随着他的概念性、分析性经验的积累与提升，你们处理这些讨论的方式就要改变了。当孩子还很小，或者你们刚刚开始进行哲学探究时，鼓励他和你谈论他感兴趣的问题，以及激发他进行更深层次的谈话，比帮助他意识到他或许相信了错误的观念更重要。当儿童能够更熟练地做哲学探究时，他们才开始能够进行辨别。当他们自己做一个假设或者持有矛盾的观点时，甚至当你这样做时，他们也能辨别出来。随着经验的积累，你们都能更好地辨别出什么时候从一个特定的观点引申出原因，什么时候指出观点背后的假设，或者什么时候提供另一种视角。

提问和开始

因为你的目的是帮助你的孩子形成他自己的思维，所以以他的问题和观点为讨论的出发点十分重要。但是这并不意味着你不能开始一个讨论。在与我自己的孩子进行的讨论中，我已经知道如何在他们不提问或者不表达自己观点的情况下，开始哲学探究。我希望他们知道我同样对很多哲学问题感到困惑，我并不是帮助他们解决所有问题的人。相反，我常常将自己视为与他们一起讨论问题的伙伴。

有时候我会提出一个让我感到困惑的问题。例如，我们或许正在讨论故事中或者生活中发生的事，在其中，某人的行为被认为是勇敢的。"你认为她勇敢吗?"我或许会问，"你认为什么使人勇敢?"如果孩子对这个问题感兴趣，那么一个讨论就开始了。或许孩子会受此启发而提出另外的问题，这同样也会引起哲学探究。例如下面的问题：勇敢很重要吗? 为什么有些人勇敢而有些人不勇敢呢? 人是生来就勇敢的吗?

下面都是对哲学讨论有用的问题。

当你说____的时候，你想表达什么意思?

这是一个有趣的观点，你能解释一下你是怎么想的吗?

如果你刚才说的是正确的，是不是意味着____?

你认为____意味着什么?

当你说____的时候，是不是意味着____?

你这样说的理由是什么?

你刚才说的和我刚才说的有什么关系?

所以，如果你刚才说的是正确的，____也是正确的吗?

当你说____时，你是不是假设了____?

我最近和小学四年级的一群孩子进行了一个讨论。那是从由芭芭拉·威廉斯（Barbara Williams）著的《艾伯特的牙痛》（*Albert's Toothache* ①）这一绘本开始的。在这个故事中，艾伯特是一只龟，他抱怨自己牙疼。他的家人说他根本没有牙齿因此也不可能牙疼。"你们从不相信我，"艾伯特抗议道，然后赌气地躺在床上。艾伯特的父母和兄弟姐妹都为他撒谎感到悲哀。最后，他的祖母来了。她问艾伯特："你哪里牙疼?"艾伯特告诉她，在他的脚趾处，囊地鼠（gopher）②曾经咬了那里一口。

我把这个故事读给学生听，在学生明确表达他们从这个故事中想到的问题之前，我们和往常一样用一分钟的时间沉思。我假设他们想要讨论为什么艾伯特的家人认为艾伯特不可能牙疼，以及为什么他的家人不试图去发现到底发生了什么。艾伯特不可能牙疼吗?如果我们能够想象一件事，那这件事就是可能的吗?我们能想象我们正在经历疼痛吗?但事实上，学生花了很多时间讨论由他们其中的一人提出来的问题："为什么艾伯特的家人不信任他，为什么只有祖母试着去理解艾伯特的想法?"提出这个问题的学生发现可能有一个"艾伯特的故事"，即艾伯特经常向家人撒谎。

然后另一名学生马库斯（Marcus）[10]说，孩子常常得不到信任。讨论就从此时戏剧性地展开了。所有学生都想讨论这个问题：为什么孩子不受信任?

---

① 原书名为 *Albert's Impossible Toothache*。——译者注

② 囊地鼠是一种啮齿动物，只分布在西半球，在美国西部和墨西哥最多。参见〔美〕戴尔·古德主编：《康普顿百科全书·生命科学卷》，周志成等编译，489 页，北京，商务印书馆，2003。——译者注

"人们只是认为孩子在撒谎，"萨姆(Sam)说道，"所以当一个孩子说一件看起来不可能的事情时，人们就假设他在说谎或者犯了错误，但是当一个成年人这样说时他们就不会这样想。"

"你认为如果是艾伯特的妈妈抱怨牙疼，他们家里人的反应会不一样吗?"我问。这时候几乎所有学生举起手来。"是的!""绝对是的!"他们大声说。我继续问:"有人认为家人的行为不会改变吗?"结果全班一致认为如果是艾伯特的妈妈说牙疼，情况会大有不同。

"为什么呢?"我问。

阿什莉说:"成年人受信任，但是孩子却不受信任。人们认为成年人比孩子更值得信任。"

"事实真是这样的吗?"我问。

"不一定，"凯蒂(Katie)说，"成年人有时候也会撒谎。例如，孩子受到虐待时，成年人为了保护自己就会撒谎，而人们却常常相信成年人而不是孩子。"

特雷弗(Trevor)补充道:"我认为人们将孩子视为未成年人，因此他们认为孩子会犯所有的错误，而成年人却不会。"

我问:"所以童年是孩子逐渐变成成年人的过程吗，还是说它有更丰富的意味?"

"我认为孩子比成年人更深刻。"朱莉娅(Julia)说。

"你的意思是什么呢?"我问。

"我的意思是童年的意义不仅仅关涉'成为一个成年人'这一点，"朱莉娅回答道，"那是属于它自己的一段时光。童年发

36

生的事会影响我们的一生。这些事对成年人来说却常常是不正确的。我认为对于我们所经历的，我们比成年人感受得更深刻，它将伴随我们一生。"

这个讨论深深地触动了我。它向我展示了儿童怎样思考他们在作为孩子上的经验，也反映出儿童对童年时光被贬低、童年值得仔细研究的认识。这 28 名学生对这一主题的讨论热情是我未曾预料的，它使我注意到在讨论中让学生引领讨论进程的重要性。

哲学讨论的进程

虽然你想鼓励你的孩子决定讨论的内容，以及从他的问题和观点出发自然地展开讨论，你们彼此回应，但你也希望把握这个讨论，不让它陷入毫无目的的境地，同时，你还想鼓励你的孩子去扮演掌控者的角色。一个哲学讨论应该取得进展。我愿意将它看作拥有一个蜿蜒前进的过程。这个讨论不是直线式的讨论，它将首尾联系起来，在经过对一些概念的分析后重新回到最初的问题。但是过程中有认知的发展——最终，你更好地理解了孩子的想法，同时你和孩子都发展了对哲学问题的敏感力。你们也可能弄清了一些让人感到困惑的概念，对正在讨论的问题有了一个更好的理解，识别了假设，或者找到了另外一种思考方法。

有时，你也可以通过为你的孩子总结你们已论述的观点以及你们对该讨论的看法，询问孩子在讨论中的思想发展，来推进讨论的进程。为了指出可能引起孩子观点改变的那些未被认识到的难题、问题和方法，你可以这样说："很有趣，刚开始的时候你认为勇敢是害怕的反义词，但现在看起来，我们得到的结论是勇敢有更复杂的意义。我们说过勇气包括意识到危险，也可以包含害怕的情绪。现在你认为勇敢是什么意思呢?"让孩子明白，好的思考以及更好的理解并不一定意味着最终以一种方法回答问题，而是意味着对问题有更深层次的见解以及对多种方法的吸收和喜爱。

你也可以让孩子知道经过讨论后你的观点是怎么发生变化的。
在我的经验中，与儿童讨论哲学的最终结果常常是我学会用一种新的方法思考原来的问题，即使是讨论一个我已经认真思考过的问题。在经过讨论(与成年人或儿童)后我看问题的方法没有丝毫改变或任何提高，这种情况几乎没有出现过。你要让孩子知道，他的观点刺激你思考。

辨认出那些没有任何实质性进展，一直在兜圈子，最终让你们感到气馁的讨论同样十分重要。此时，你应该看看讨论中出现了哪些概念和问题，然后判断儿童是否对另一个话题感兴趣。或者你可以指出讨论陷入了停滞，然后和儿童讨论对这一类看起来有趣但却无法取得进展的问题(如先有鸡还是先有蛋)的看法。你可以建议下次有新想法了再继续讨论这个问题。

当然，不是每一次哲学讨论都会促进理解的飞跃。然而，当进行一些综合的或者抽象的讨论时，给出一种结果十分重要，因为这会让儿童有结束感和完成感。你要让儿童明白，虽然没有解决一个特定的问题，但是这个讨论依然有优点，它使你们取得了进步：或许你们能更好地分析一个概念，或者对讨论一个问题时需要多种方法有更全面的意识，或者对一个假设以及它的原因有更深入的认识。

通常，哲学讨论的目的不是达成共识。即便不是绝大多数，也有很多哲学讨论以悬而未决的或者有差异的观点作为结局。能够对未达成一致感到满意是很重要的。毕竟，你和你的孩子所讨论的大多数主题都是哲学家长时间研究的，即便这样，你们也几乎从未就理解某个既定的概念或问题达成一致。你们的愿望是将哲学讨论视为运用不同方法去更好地解决问题的工具。观点互换能够帮助你的孩子认识到，当你表达反对观点时并没有附带愤怒的情绪；也可以让他明白，多视角可以丰富（而不是束缚）你们理解生活的方式。参与哲学讨论需要适应不确定性的结局，我们不知道讨论最终会在何处停止。

你的观点

38　　同样重要的是，在让你的孩子看到你对这些问题的看法的同时，你要注意到你在自己有强烈观点的问题上有多么支持自己的观点。毕竟，你是家长，对于令你的孩子对你的观点信以为真（鉴于他们的年龄）的方式保持敏感很必要。虽然把你的想法表达出来十分重要，但是一定要注意不要固执己见。

　　当我的孩子还小的时候，我发现，有几次在我没有注意到自己以何种方式参与讨论的情况下，因为太过于坚持一个观点而损害了孩子表达他们观点的能力，尤其是当他们的观点和我不一样的时候。我学习到不要为自己的观点辩论太多。毕竟我不是要让孩子相信我是多么的富有学识，多么的智慧（或正确）。当我竭力维护一个主张时，我就冒了这样的风险：把讨论变成没有互惠的交易。

　　和你的孩子开放式地讨论问题是一件事，让他相信你的思考方式是正确的则是另一件事。如果你发现自己在讨论中十分坚持一个观点，你一定要留心自己在讨论中所扮演的角色。你或许希望在一个问题（如吃肉的伦理）上立场坚定，但是在哲学讨论中，意识到自己观点的局限性十分重要，同时，承认其他人与你持不同的观点也很重要，因为他们或许有很好的理由，即使你不同意。

同样，不要告诉孩子他的观点正确与否（你可以说，"这是一个很有趣的观点，你给出了很好的理由"或者"这样的看法很合理，但是你的理由是什么呢"）。你不会希望给哲学问题一个确定的答案，或者回答儿童的问题。如果孩子问，"灵魂是什么？"在哲学交谈中，你不会想要回答，"它是我们死后依旧活着的东西"。这样的观点在讨论中被提出是可以的，但是请注意，你提出的这样的观点只是一种可能性（"灵魂会在我们死后继续存活吗"），而不是讨论的结论。

哲学的核心精神是对确定答案持怀疑态度。发展哲学敏感力意味着要不断评价自己的思维方式以及对知识的定义。同样不要轻易下结论说儿童的问题以及观点不够哲学。正如我曾经说过的，³⁹ 几乎所有的问题都可以引起哲学探究，但是这取决于我们对它们的回应。从一个问题出发，然后以一个更深层次的问题结束。

发展哲学敏感力是对我们生活中的不确定性进行阐释。当我们对陌生的人类经验和人类言行中悬而未决的问题感到敏感时，我们丰富了自己的经验。这是通过像儿童一样保持对自身存在的惊讶而实现的。我们也因此尊重了儿童的经验。对生活中各种疑惑的敏感深化了我们的日常经验。

第三章至第六章意在提供一些关于如何开始和维持与儿童的

哲学讨论的技巧和观点。每一章开头都会先简要地介绍传统哲学，然后检验多种可能令你参与哲学探究的方法。每章的最后都会提供一些其他促进讨论的方法。

注　释

40　　　　［1］《生成转化》这首诗由李立扬发表于 2008 年。此处摘引得到了诺顿出版有限公司的许可。

　　［2］*Nicomachean Ethics*，1143a25-b14.

　　［3］Howard Gardner, *Intelligence Reframed：Multiple Intelligences for the 21st Century*(New York：Basic Books，1999)，pp. 60-64. 多元智力理论的提出是加德纳为解释人类各种认知能力所做的尝试。虽然这一理论毁誉参半，但它依旧对教育工作者有用。加德纳并没有指出存在智力是多元智力中的一种。

　　［4］Gardner, *Intelligence Reframed*，p. 60.

　　［5］感谢夏威夷大学的汤姆·杰克逊(Tom Jackson)提供的观点。

　　［6］John Holt, *How Children Fail*（New York：Merloyd Lawrence，1982)，especially pp. 37-40 and pp. 152-156.

　　［7］教育工作者托尼·瓦格纳(Tony Wagner)分析了他和商界、非营利组织、慈善机构的人士、教育领导者所进行的几百次讨论——围绕当今工作环境下获得成功所需具备的重要能力。最后他说道，提一个好问题的能力出现的频率最高。Tony Wagner, *The Global Achievement Gap*（New York：Basic Books，2008)，pp. 1-17.

　　［8］Abraham Heschel, *God in Search of Man：A Philosophy of Judaism*（New York：Farrar，Strauss and Giroux，1955)，p. 4.

　　［9］Matthew Lipman, *Thinking in Education*(Cambridge：Cambridge University Press，1991)，p. 14.

　　［10］为保护隐私，本书中提到的所有学生的名字都做过处理。

第三章

死亡、现实与同一性：关于形而上学的思考

41　　　　　　现实是一种实体，这不是前提
　　　　　　它或许是穿过一粒尘埃的一道黑影
　　　　　　也或许是穿过一道黑影的一种力量

　　——摘自：华莱士·史蒂文斯（Wallace Stevens），《诗集》（*The Collected Poems*）中的《纽黑文的一个寻常夜晚》（"An Ordinary Evening in New Haven"）[1]

为何聊胜于无？

何为真实的东西？

人类为何存在？

宇宙是被创造的还是一直存在的？

我是谁？

何为时间？

何为意识？

死后还有生命吗？

　　有时形而上学被描述为哲学中聚焦"最大问题"的领域。威廉·
詹姆斯（William James）对其做如下表述："讨论科学和日常生活中
涉及的但未被解决的，各种晦涩、抽象且普遍存在的问题。"[2]它
专注于探索现实的基本性质，涵盖了时空、死亡、同一性、因果
关系等概念，以及意识的本质、意识与身体的关系、自由意志和
决定论。

　　形而上学问题对儿童来说，是最迫切的哲学问题。围绕着人
类死亡的问题，对人类谜一般地存在于一颗在宇宙中飞速旋转的

行星上的认知问题，表象和现实之间的差距问题，会在儿童的心目中日益凸显。对他们来说，这些问题既令人难以承受又让人十分恐惧，既令人费解又让人着迷。这些问题似乎比什么是艺术之类的问题更加个人化，也更能使人感同身受。

生命和死亡

"当我们开始对一切——过程的实质和最终的目的——感到怀疑时，我们是多么的年轻。"[3]

在我大约 10 岁的时候，我时常思考死亡的结局，对如下问题感到好奇：被遗忘就意味着生命没有了意义吗？在深夜醒来，我陷入沉思，想着这样的问题："我们终有一天会死。所有我所认知的事物都会消失。一切都将毫无意义。也许我也将变得毫无意义。我将不复存在。"这些想法会令我感到极度焦虑不安。为了让自己平静下来，不再去想它们，我不得不打开房间里所有的灯，读一本书或听收音机。

在我看来，其他人似乎就没有这样的想法，而且我十分不解的是，我身边的人为什么不会为此感到困惑。我记得我问家中一些成年的家庭成员："你害怕死亡吗？你会为有一天自己将不存在了而忧虑吗？你曾想过这些是否有任何意义吗？"他们大多看起来并不想跟我讨论这些问题。他们通常都试图安慰我："不用担心，那是很久之后才会发生的事呢！"或者打趣我："听，你问了个多么严肃的问题，好一个小哲学家！"虽然，我爸爸总是会很认真地回答我的这些问题，但是没人想聊这些也是一个问题。

父母尤其担心这类问题会令他们的孩子感到混乱和迷惑，或者让他们的孩子陷入一种可怕的不确定感。而且，我相信不管成年人是否要和儿童谈论这些问题，大多数儿童都会思考这些问题。成年人通过这类对话与儿童建立的联系，为成年人自己也为儿童提供了思想上的启发和情感上的支撑。

当我听音乐的时候，我感到我的灵魂在我身体中。

——威尔（4 岁）

当我还是个孩子的时候，我经常通过书本探究死亡问题和其他严肃问题。奇怪的是，尽管许多成年人不愿与儿童讨论这些问题，但儿童图书的作者似乎明白，这些才是儿童真正想要思考和解决的问题。在形而上学问题上，儿童图书也因此成为一种建立与儿童的形而上学对话的行之有效的媒介。

米谢·勒缪（Michele Lemieux）的《星星还没出来的夜晚》（*Stormy Night*）是我最喜欢的儿童图书之一，从头到尾都是简单的黑白线条。故事起始于一个小女孩儿上床睡觉。她因为暴风雨而睡不着，躺着想："我不能睡觉！我脑子里充斥着太多问题了。"

这本书的其他部分充满了这个小女孩儿的问题和她对生死的思考："无穷的尽头在哪里？""只有我存在于世界上吗？""我总能做出正确的决定吗？我又怎么知道它们是正确的呢？""我会知道什么时候死吗？"

故事中的小女孩儿深夜时在床上思考这样的问题（像这样的思考经常在深夜出现），给儿童读者打开了一个空间，让他们觉得自己也有这些问题。我们要感谢这本书奇妙的风格,对焦虑、幽默、困惑和兴奋这些情绪进行的轮番描写,以及它呈现出的一些开放性的问题。当读到这些问题的时候,你会发现很适合问你的孩子:你想过那个问题吗?你认为你是世界上唯一的人吗?你能试着想象"永恒"吗?

许多成年人都说 E. B. 怀特的经典著作《夏洛的网》(*Charlotte's Web*)是他们读过的(或者是别人读给他们听的)第一本让自己流泪的书。这本书对死亡以及个体生命的价值进行了清晰的阐述。书中有几个人物面临着即将死亡的可能性,也有很多关于死亡以及活着的意义的讨论。对许多读者来说,这是他们第一次见到书中的主角死亡。

> 她再也不动了。第二天,费里斯轮被拆下来了;那些赛马被装进货车拉走;游艺场的主人们收拾起行李,开着移动屋离开了。这时,夏洛也死了。这个展览会不久就被人遗忘了。棚子和房子都空了,显得很荒凉。跑道内场满地是垃圾。赴会的数百人中没有一个知道,会上最重要的角色曾是一只大灰蜘蛛。她死的时候没有一个人在她身边。

这本书以变化的必然性以及生与死的密不可分为主题。它平实的叙事基调和对美丽而又残酷的世界的生动描述,自然而然地引领着读者进入对生命与死亡的探究。

夏洛告诉她的朋友小猪威尔伯(Wilbur)说她快要死了,她说:"那么生命是什么呢?我们生下来,我们短暂地生存,我们死去。"

威尔伯的回应是，告诉夏洛她对他意味着什么。然后他保存了她的卵囊，里面满是即将在春天孵化出来的小蜘蛛。威尔伯这一让人感动的举动引起了人们的思考：夏洛是否以某种方式继续活着？死亡后的生活意味着什么？死后是否还会有生命？

威尔6岁时，我给他读《夏洛的网》，这引起了我们之间的几次谈话。读完该小说，威尔问我说："夏洛为什么一定要死呢?"我们围绕如下问题谈论了一会儿：一个人的死亡会令其他人多么悲伤？死亡意味着什么？它在我们生命中扮演着什么样的角色？死亡是否必要？

> 我问威尔："没有死亡，生命还将会和现在一样吗?"
>
> "也许不会吧，我猜。你会想很多事情都可以迟些再做，而且也许你永远不会真的在意做任何事情。"
>
> "所以如果可以选择永远活着，你会吗?"我问威尔。
>
> "我不知道。我不这么认为，因为我认识的每个人都会变老，也都会死。我也不会成为唯一的永生之人。"
>
> "如果每个人都能永远活着呢?"
>
> "那还会有孩子出生吗？如果会，那人就太多了。而且我们会停在某个年纪永远不改变吗?"

另一部深入探讨这些问题的伟大小说是娜塔莉·巴比特的《不老泉》(*Tuck Everlasting*)。它写于1975年，讲述了塔克家族的成员在喝过一处泉水之后不经意变得长生不老的故事，以及他们与一个新认识的年轻女孩儿之间的关系。

人格同一性

在我们探讨了《夏洛的网》不久之后的一天，威尔再次提起了夏洛之死的话题。我问他是否认为夏洛的生命在自己的孩子和以后的后代身上延续。他承认在"某种意义上"是这样的，但又强调道：

"这并不是说她真正地活着，而是一些类似她的东西继续生存着。"

"什么叫类似她的东西呢？"我问道。

"也许是她曾有过的聪明，或者她有过的爱好，在她的一些孩子身上延续，之后也许是在孩子的孩子身上。但是，那不是她。那只是她的风格，她的孩子也会继承的一些东西。"

"那么，当你说到'那不是她'时，她可能是什么呢？她的某些部分会活着吗？"

"嗯……她的身体不复存在了。"

"你的意思就是说夏洛就是她的身体？所以说，如果她的身体死了，她的任何部分都不复存在了？"

"我不确定。我的意思是，是的，她的身体是死亡了，但是也许她的某些部分还存在着。"

死后自我仍继续存在吗？自我又是什么？我会经历怎样的变化呢？我还是我自己吗？据我所知，儿童都急于探索这类同一性问题，因为他们经常对自己身份的本质感到好奇。

美国作家贾内尔·坎农（Janell Cannon）的绘本《星月》（*Stellaluna*），有着可爱的插图，也能够引起人格同一性的话题。绘本讲述了一只与母亲分开的名叫星月的小果蝠落在幼鸟巢中，被鸟类家族收养的故事。星月学着去做一只小鸟，竭尽全力地融入这个家族中，但她从来没有适应这个家族的生活。最终，她又重回到蝙蝠的身份，而她和她的小鸟朋友都想知道，他们为何既相似又不同。

在你和你的孩子读完这本书后，你可以提出如下问题：当星月在鸟巢生活的时候，她真的变成了一只幼鸟吗？是什么让她成为一只蝙蝠呢？又是什么让一只鸭子成为鸭子呢？动物成为动物呢？人类成为人类呢？我们能从一样东西变成另一样吗？1 岁时候的你和现在的你是同一个你吗？一个成年人和孩子时候的他是同一个人吗？是什么让一个孩子变成了一个成年人？10 岁时候的你和 5 岁时候的你是同一个人吗？什么保持不变了呢？

古老的《忒修斯之船》故事［由普鲁塔克（Plutarch）在 1 世纪时提出］也能够让孩子有效地思考人格同一性问题。为了保持一艘船的良好状态，其甲板随着时间的推移一块块地被换掉，直到某一时刻原来的木板一块不剩了。这艘船还是曾经的忒修斯之船吗？如果不是的话，那艘旧船又是在哪一时刻不复存在的呢？

起初，许多孩子都会争辩说，船仍然是原来那艘船，只是用了新的木板。

我通常用以下的方式来回应：让我们来假设，另一个造船的人保留了所有的旧木板，并且照着与旧船完全相同的设计，用这些旧木板又建造了第二艘船。两艘船紧挨着停在港口。哪艘才是原来的忒修斯之船呢？（这个谜题的引申问题是由托马斯·霍布斯于17世纪提出的。）

用旧木板造的船还是忒修斯之船吗？什么时候第一艘船不再是忒修斯之船的呢？当第一艘船原来的木板被换掉50%的时候呢？被换掉90%的时候呢？

这个问题被澳大利亚儿童哲学家菲利普·卡姆（Philip Cam）以一种非常有趣的方式写进了他创作的故事《祸不单行》（"Double Trouble"），并被收录在《大忽悠、刺儿头、糊涂神、小骗子》（*Twister*，*Quibbler*，*Puzzler*，*Cheat*）一书中。

这个简短的故事开始于一个机器人的主人切斯特（Chester）思考其面临的一个难题：他每次把他的机器人阿尔杰农（Algernon）送到机器人维修公司，一些部件就会被更换。因此，随着时间的推移，阿尔杰农的许多小部件已经被换掉了。切斯特开始怀疑这可怜的老东西身上，还有没有剩下任何它以前的部件。而且，切斯特开始纳闷，如果所有的部件都被换掉了，"阿尔杰农真的还是阿尔杰农吗？"

一天，切斯特来到机器人公司，正好碰到一个机器人在朝他走来。机器人对他说："哦，切斯特先生！……我以为你永远不会来了呢！"切斯特这才知道，公司总是把换下来的所有有用的部件储存起来，这样它就收集到了一整套阿尔杰农的旧零件，然后用这些零件做出另一个机器人来为公司工作。

切斯特被吓坏了，但最终"出于对阿尔杰农的感情"，他仍然把这个机器人带回了家。然而，回到家里，切斯特才意识到，他应该事先考虑好怎样来介绍这两个机器人的问题。它们现在正为谁才是真正的阿尔杰农争论不休。

今年我和一群四年级的学生读到这个故事的时候，针对其中一个学生的问题展开了讨论："谁才是真正的机器人阿尔杰农，是身上的部件逐渐被换掉的那个，还是由原来的部件又组装而成的那个？"

在我们持续一个多小时的热烈讨论中，学生提出了许多关于如何区分一个机器人和另一个机器人的想法：思想，记忆，相同的身体。我们分析了随着时间的推移我们是否仍旧保持相同的身份，如果是的话，什么保持不变。有几个学生提出，记忆让我们保有自己的身份。

"如果我得了失忆症，并且失去了所有的记忆，是不是就意味着我不再是加纳博士了呢？"我问道。

"我认为你仍然是加纳博士，因为你还有着一样的身体呀。"一个学生提出来说。 47

"所以你是说，是我的身体让我成为我自己，而不是我的记忆？"

"不，"一个学生回答道，"你可能在别的身体中，但是如果你拥有你的大脑和你的记忆，你就仍然是你。"

"好吧，假设大脑移植是可能的。我和约瑟夫（Joseph）做了手术，我们交换了大脑。站在这里的是加纳的身体、约瑟夫的大脑。我是加纳博士还是约瑟夫？"

学生很喜欢这个思维实验。他们大部分坚持认为，约瑟夫成了加纳博士，而我成了约瑟夫。他们指出如果我有约瑟夫的大脑，也就拥有了他的记忆。但也有几个学生认为，有着加纳博士的身体和约瑟夫的大脑的这个人既不是加纳博士，也不是约瑟夫，他将拥有一个新的身份。一个学生的说法是这样的："这个人还是会有一些真正的加纳博士的身体本能反应和行动方式，而不是约瑟夫的。即使这个人有了约瑟夫的大脑，其身体在某些方面仍然会有记忆，就像曾经的加纳博士那样。所以这个人会是两者的混合体，在某种程度上是一个新的人。"

这把我们引入了新的话题，我们开始讨论大脑与意识之间的关系。各个年龄段的儿童都乐于探索意识的本质：它是什么？为什么我们拥有它？它是否与大脑是同一事物？如果不是，它可能是什么？

何为意识

这是一个容易和你的孩子引发讨论的话题，因为我们经常使用"头脑"这个词，而从未分析过它的含义。你可以在日常对话中留意孩子对这个词的使用，他说："我改变想法了。"你可以询问（假设这是在你有时间并且愿意讨论的时候）："'改变想法'是什么意思？你有没有想过什么是意识？"

萨拉·雷德肖（Sarah Redshaw）写的故事《在阳台上》（"On the Verandah"）[被收录在菲利普·卡姆的《思想故事 2》（*Thinking Stories II*）中]可以启发人们对意识本质的探索。在这个故事中，一个孩子和她的母亲正在讨论这样的经历：你想着一件事情，却尝试去做另一件事情，或者去参与一项活动，如当你正在读一本书的时候，同时又能够听到别人喊你的名字。母亲说："你可以在你的思想中游走于各种各样的地方。"孩子回答道："那是否意味着某种程度上我的思想和我的其他部分是分开的?"

在我和小学四年级的学生讨论"意识"的时候，10岁的学生杰西(Jessie)说：

> "谈论意识，其实等同于谈论大脑。意识/大脑存储着你 ⁴⁸ 所有的思想，它控制着你做的每一件事情。"
>
> "关于这个问题，我并不是很肯定。"威利(Willie)回答道，"我认为意识和大脑确实控制着我们的行为，但它们根本不是一回事。我认为，意识是你行动的部分。你的大脑想做点儿什么，如吃一块饼干，但是你知道不应该去吃，阻止你吃饼干的就是意识。"
>
> "就像'良心'一样?"我问。
>
> "是的，我认为意识就是大脑中让你记住做正确事情的那部分。"威利回答说。
>
> "所以，意识到底是大脑的一部分，还是一个独立的东西?"我问。
>
> 凯尔西(Kelsey)说："我觉得意识是独立的。我认为意识贯穿于你的整个身体，而你的大脑只在你的脑袋里。"
>
> "你是说头脑是生理性的，就像是你的血液一样的东西吗?"凯蒂(Katie)好奇地问。

"不，不完全是。"凯尔西说，"它更像是你的灵魂。"

"好吧，那么我现在可以问你们点儿什么呢?"我说。

"灵魂又是什么呢?"几个学生异口同声地问。

"我认为意识是我们发挥想象力和做梦的地方。"凯莎(Keisha)说，"大脑会控制我们无意识下所做的事情，如呼吸和行走。但意识是我们思考我们行为的地方，我们在那里做梦，在那里我们可以想象不存在的事物。"

"我不认为我们可以想象不存在的东西，"彼得(Peter)肯定地说，"我们怎么可能会想到那些自己都不知道的事呢? 如果我们想到吸血鬼，那是因为我们知道人和蝙蝠，并且把它们联系在一起。"

"你认为有可能想出全新的东西吗?"丽贝卡(Rebecca)问道。

"我不知道我们是否能想象出一个全新的东西，"卢克(Luck)回答，"但是我们是不是在用意识来进行想象呢? 我想知道为什么我会有意识。它又是做什么的? 它有什么意义? 为什么我们要想象和做梦? 关键点是什么呢?"

"如果意识真的不是像大脑这类的生理性的东西，而是一种精神物体，该怎么办?"萨姆(Sam)思考着。

"你说的精神物体是什么意思?"我插嘴说。

"一些真实存在的东西，但你却看不见、摸不着，"萨姆答道，"就像电流一样。"

这个观点给我留下了深刻的印象，它相当精准地把握住了一些真实存在的却无法通过我们的感官感受到的东西的概念，而且表示这种精神存在也是一种物体。

"如果意识就是和精神一样的东西，"杰基（Jackie）沉思着，"那它到底是什么呢？我们怎么知道它是真的？"

何为真实

我在第二章中提到过玛格丽·威廉斯所著的经典绘本《绒布小兔子》，它就是在探究，当我们说某一事物是真实的时，到底是什么意思。在这个讲述一只绒布小兔子和他的主人小男孩儿的关系的故事里，小兔子思考着自己是什么，自己是否是真实的。他的朋友小木马告诉他："'真实'无关乎你是如何被做出来的。它是发生在你身上的事情。如果一个孩子爱了你很久很久，不只是为了好玩儿，而是真的爱你，你就成了'真实的'。"绒布小兔子最终以这样的方式成为"真实的"，但后来他发现其他的兔子（后腿是可以自己移动的）嘲笑他不是真正的兔子。故事中关于"真实"的观点是：玩具原本是不真实的，玩具因为被爱而变得真实，以及世界上真实的东西能够自己移动和行动。这在许多层面上与柏拉图在《理想国》中表述的"真实"如出一辙。那么，"真实"是否有多重层次呢？会存在一维或多维的物体，它们虽然不能被我们感知，却在某些方面比我们能经历到的"更加真实"吗？

世界上有某些事物在一定程度上不是真的吗？当我们说某件事（如故事）不是真实的时，我们是什么意思？在读完《绒布小兔

49

子》后，你如果要和你的孩子共同探究这类问题，你可以尝试这样的方法：请孩子列出他认为是真实的事物。你自己也可以做一个这样的列表，然后将之和孩子的列表进行比较。事物必须被感知到才能被称为真实的吗？如果是这样，那是否意味着悲伤不是真实的呢？我们如何得知事物是不是真实的？

当代电影《楚门的世界》(The Truman Show)，它对"何为真实"这一问题的探讨引起了一些青少年的关注。这部影片由彼得·韦尔(Peter Weir)执导，讲述了刚出生便被一家电视网络公司领养的楚门被培养成为一名真人秀明星的故事。楚门长大后才意识到自己的一生都是一场电视秀，一天二十四小时为观众播放，他生活中的每一个人都是演员，包括他的朋友和妻子。

这部电影引发了许多关于自由意志、宿命论、同一性、真实的本质以及表象与真实之间关系的问题。大约一年前，在我和我的三个十几岁的儿子一起看了这部电影之后我问他们："你们认为楚门的生活是真实的吗？"这让我们开始讨论。楚门的生活对他自己来说是如何的真实，并且如何如他所感知的那样发生着，虽然这样的生活似乎并不那么真实。

如果楚门感到真实，他的生活就是真实的吗？所有他认为与他相关的人，都是演员；他所认为的工作，只是表演而已。那么，他的生活与不在真人秀中的生活相比更虚假吗？如果它是虚假的，那会让它变得不"真实"吗？真实性与现实性之间是什么关系？如果你认为你的生活是一种特定的方式，但结果证明你错了，那会令你的生活在某种程度上变得不真实吗？

电影《楚门的世界》中真人秀的创始人宣称：我们更乐于"接受

我们所呈现出来的这个世界的'真实'"。这就引出了一个最基本的问题，大多数青少年都面临着这样的问题：他们应该接受父母、老师、其他成年人，以及同伴和媒体建构的"真实"吗？他们能不去接受吗？是否有一个独立于我们学习、感知和理解的"真实"之外的"真实"呢，我们能够知道吗？事物呈现给我们的方式和它们真正的样子之间是什么关系呢？

我们是自由的吗

楚门是自由的吗？别人为他营造了周遭的生活环境。他在这样的环境下做出的选择是自由的吗？我们所做的是出于我们自己的选择，还是受我们的基因和生理结构制约，我们不得不这样去做？拥有自由意志是什么意思呢？我们是否一定要拥有自由，才能左右我们成为什么样的人？如果我们无法选择其他方式行事，只能这样去做，我们是否要对自己的行为负责？

托妮·莫里森(Toni Morrison)的故事《大箱子》(*The Big Box*)就为儿童揭示了这些问题。我得承认，这不是我最喜欢的故事，因为我觉得有点儿做作。但是儿童真的会对它产生共鸣。故事中的三个孩子不遵守特定的规则(如他们在图书馆里说话，在礼堂里大喊大叫，把松鼠放到家里的果树上)，所以周围的成年人觉得这些孩子无法控制自身的自由。所以，这些孩子被关在一个"大的棕色箱子"里一起生活，里面有"地毯、窗帘、懒人椅、大窗户和许多玩具"。他们的父母每周去看望他们。

这些孩子告诉成年人："如果自由是按照你们的方式去做事，

那就不是我的自由了。"当我读到这个故事并和儿童讨论时,他们经常会问这样的问题:人是否自由由谁来决定?如果你的身体被困在某个地方,你的思想仍是自由的吗?我们是不是都活在一个"大的棕色箱子"里呢?

许多儿童对"自由和自由意志"这类问题特别感兴趣,因为在许多方面,他们认为自己不像成年人那么自由,不像成年人那样可以做自己想做的事以及决定自己的生活方式。这个故事常常引出相关的话题,如"我们是否曾真正地做出自己的选择"以及"拥有自由意味着什么"。完全自由可能达到吗?即使我们深知自己并没有"自由意志",我们仍能做出选择吗?

时间和空间

51   从小学到高中,我所教过的哲学课中,在讨论表象和真实之间的关系时,至少有一个学生会提出这样的问题:"时间是什么?""哈利·波特"系列中的几本书就讲述了这个问题。

许多七八岁以上的孩子都读过这系列的书,有的还看过其中几部或者全部的电影。它除了是非常吸引人的小说外,还揭示了许多的哲学问题。你可以通过对故事中的事件进行分析,询问你的孩子是否喜欢某个特定的情节、人物或想法,以此来激发你们之间的哲学对话。通常,孩子的回答会引发有趣的哲学探究。

例如,这个系列的第三部小说《哈利·波特与阿兹卡班的囚徒》,提到的一个有创造性的装置,就揭示了时间的奥秘。这部小说中的主角之一赫敏,拥有一个可以让她穿越时空的时间回转器。

她可以通过这个装置，"同时出现在两个地方"。

我们通常认为时间是持续不断地前进的：过去的已经过去了，未来的还没有发生，现在是过去和未来相遇的交点。然而，时间旅行的概念视时间为另一个空间维度，所以过去、现在和未来都是同样真实的。它们只是存在于时空连续体上的不同的点，我们可以从一个点游走到另一个点。[4]在谈论时间回转器的时候，你可以和孩子探讨如下问题：你能想象同时存在于两个不同的地方吗？当你在未来的时候，现在还在发生吗？过去是否仍以某种方式存在，是否有可能回到过去呢？使用时间回转器就像是我们开车从一个地方到另一个地方旅行吗？

我的孩子能够独立阅读，我偶尔会推荐给他们一些我们可以共同阅读和讨论的书，有时他们也会推荐一些他们认为我们都应该读的书。他们特别喜欢我对他们正在阅读的书感兴趣。我们选择的许多书，如"哈利·波特"系列，都是老少咸宜的。多年来，马德琳·英格（Madeleine L'Engle）写的《时间的皱纹》（*A Wrinkle in Time*）引起了不少关于表象与真实之间、时间和空间之间关系的话题。我喜欢这本书，它是一部科幻小说，最早出版于 1962 年。起初马德琳·英格在出版这本书时遇到许多困难，因为许多编辑认为，这本书的哲学主题和宗教主题不适合一般的科幻题材小说，尤其不适合儿童科幻小说。然而，这部小说一经出版，就赢得了许多奖项。

吸引人的故事情节中蕴含着许多哲学隐喻。三个孩子在宇宙中穿行，感受到宇宙中的"基本力"（包括时间）与地球上的是不同的。他们以一种类似"超正方体"的方式旅行，那就是一种第五维

52

的现象，被理解为四维的平方（如空间的扭曲，或时空中的"皱纹"）。就好比，一只虫子通常会从一条裙子的一端走到另一端，如果你把裙子的左右两端叠在一起，虫子则会在褶皱上行走。这是一部很棒的小说，很值得花长时间去阅读，你可以与你的孩子谈论这个故事以及一些他感兴趣的哲学问题。

年龄大一些的孩子，可以试着阅读林肯·巴尼特（Lincoln Bar-nett）①的《宇宙与爱因斯坦博士》（*The Universe and Dr. Einstein*）。这本书是在 1948 年为大众读者所写的。17 岁时，我第一次读到这本书并对它产生了浓厚的兴趣。书中对相对论和量子力学理论的描写非常吸引人，这本书也是引导高中生对爱因斯坦提出的某些问题和物理方面的其他相关内容进行哲学探究的简便而有效的资源。

爱因斯坦在这本书的前言中写道："许多畅销的科学著作要么太肤浅，要么晦涩难懂，但这本书把一些主要的科学概念解释得很清楚，还将它们与关于知识的问题联系起来。这本书带给我的冲击，简直就像一部惊险小说。书中对物理学发展的描述，让我既兴奋又欲罢不能，因为我们对世界常识性的认知，都是通过以往的认知经验，以及对自然科学的理解而产生的，但书中的有关内容与我们以往的认识之间完全是天壤之别。"

这本书还探讨了宇宙的本原问题，深入研究了所谓的"物理现实的奥秘"[5]，认为"没有任何物理世界的奥秘是超越其本身的"[6]。在我看来，这个观点就阐释了哲学的核心问题。每个问题

---

① 林肯·巴尼特，美国作家。——译者注

都指向另一个问题。当我们和孩子为时间和空间的话题感到困惑时，我们渴望更深入地了解世界和我们自己，最终我们得到的答案只是部分而已，质疑才是思考的本质。

可以无中生有吗

> 我一直在问我自己，事情为什么是这个样子的。就像在科学课上学习万有引力、原子、分子、裂变和核聚变之类的，但之后我就会好奇这一切都是怎么运行的。在宇宙中的某些地方还有人类吗？
>
> ——埃里克(Eric，12 岁)[7]

年轻人几乎都对"世界为什么存在""宇宙是如何形成的"等十分感兴趣。不管是否持有强烈的宗教信仰，他们都认为这类问题十分有吸引力。超验的存在性及本质、信仰的意义，以及精神与自我的关系等话题，不断质疑人们的信仰。世界的架构是否决定了必须要有一个造物主？还有其他的解释吗？是否有其他有力的论据来解释超验的存在？信仰从何而来？我们需要信仰吗？什么是精神？精神怎样与我们的心灵相联系，与我们的身体呢？与儿童讨论这样的问题，并鼓励他们表达自己的想法，审视他们刚刚萌芽的信仰，可以增强他们的自我认知，帮助他们更清晰地了解自己的思想、信仰及其产生缘由。

威廉·史塔克的绘本《黄与粉红》(*Yellow and Pink*)为我们讨论这类话题提供了一个不错的资源。两个小木偶躺在一张旧报纸上，其中一个是黄色的，另外一个是粉红色的。黄色木偶坐起来问粉红色木偶："你知道我们在这里做什么吗?"他们开始讨论到底是有人创造了他们(粉红色木偶的观点)，还是像黄色木偶说的那样，"我们只是个意外，不知怎么回事，碰巧我们就产生了"。他们猜想着自己到底是被创造出来的，还是机缘巧合下产生的，故事随着他们俩的猜想发展着。

你可以和你的孩子一起读这个故事，然后问问他：你认为一切是被创造出来的吗？很难想象整个宇宙从虚无中产生出来，但我们无法想象的事，是否就意味着不可能呢？

不管我们对于宇宙起源持什么样的观点，关于万物是否必须要有起源的疑惑都一直存在。几年前，在一个小学五年级的班级里，讨论就从一个学生的观点开始："宇宙一直都存在。"

杰米(Jamie)说："它不可能是一直存在的。所有事物都得有个开始。"

迈克(Mike)说："那它是怎么开始的呢？它是从哪开始的?"

莎娜(Shana)说："嗯，我认为是上帝创造了宇宙。"

罗伯特(Robert)说："并不是所有人都信上帝。"

玛吉(Maggie)说："就算你信上帝，你还是有同样的问题呀。上帝又是从哪来的呢?"

我说："我懂你们的意思了。当你们问'上帝有起源吗，它是一直存在的吗'或者问'宇宙有起源吗，它是一直存在的吗'时，似乎问的是同样的问题，对吗?"

扎克(Zach)说："完全正确！问题实际上就是什么是起源，万物必须有起源吗。"

让我们感到不解的是，万物起源之初，整个世界可能是一片虚无。我们同样好奇的是，怎么可能有某种事物是没有起源而一直存在的。

查克(Chuck)说："我觉得无中生有根本就不合常理。这不太可能。"

贝丝(Beth)说："但对我来说，也一样无法想象宇宙没有起源。"

迈克说："我认为宇宙就像个圆，它只是周而复始，没有开始也没有结束。"

萨拉说："那在这个圆之外，还有其他东西吗？"

学生由此推断出多个平行存在的宇宙。一个学生提出，在我们的不知不觉中，可能会有恐龙从我们的平行宇宙中走过。她也好奇，平行宇宙存在的话，是否意味着宇宙真的是一个圆。学生的结论是，我们最终还是会有同样的问题：某些东西怎么可能一直存在？不管宇宙是不是个圆，它都要有起始点，怎么可能无中生有呢？

安娜(Anna)说："那'无'究竟是什么呢？"

我说："你们能想象一下'无'吗？让我们闭上眼睛想象一

55

下：房间里所有的物品和人都不见了。然后，地板和天花板消失了。随后，这座建筑和外面的一切，之后是空间本身，全都消失了。可以想象吗？"

我们一起做尝试，但最后学生的结论是无法想象。完全无法想象整个空间都不复存在了。

斯科特(Scott)说："我不认为你能去想象虚无。当你想象的时候，肯定要想某些事物。如果你试着去想象虚无，你会想到黑暗，但黑暗也仍然是某些事物啊。"

罗伯特："那虚无到底是什么呢？"

学生所推测的虚无也许只是指缺少一些东西。我们谈论到，人们之所以无法想象"无"，是否是因为当人们在思考或想象的时候，总是要想一些东西。如果我们无法想象"无"，是否就意味着没有"无"这个概念呢，或者说只是我们想象不到而已？在激烈的讨论过程中，"虚无"这个曾一直被认为理所当然的概念，现在对学生来说却如此神秘。

莎娜说："我想到啦！也许虚无就是透明。我们可以透过虚无看到一些物体，因为虚无就是透明的呀！"

蒂姆(Tim)说："不过，那只不过是我们看不见，并不意味着就什么都没有啊。拿空气来说，它看起来是透明的，是因为我们看不见其中的微粒和化学物质，但这些都是存在的。"

杰茜卡（Jessica）说："我认为虚无就是黑暗。如果真的很黑，没有月亮，而且除了一片漆黑你什么都看不见，这就是虚无。"

莎娜说："才不是！那是黑暗，黑暗也仍然是某些事物啊。黑暗给人的感觉像是什么都没有，因为我们过去看到的一切不见了，但黑暗也是一种东西。"

布兰登（Brandon）说："'虚无'真的存在吗？也许只是一个概念而已，其实根本没这个东西。"

学生对这个问题已经比较明晰了：无法想象"虚无"，这是因为想象从定义上来说就是要想象一些事物。但是，"我们无法想象'虚无'和'虚无'是否存在"之间又有怎样的联系呢？

56

"我不认为你们能解决这个问题。"雅各布（Jacob）总结道。他在大部分的讨论中都保持沉默。"这只是一个会让你们头痛一阵子的哲学问题而已。"

"我喜欢这类问题！"贝丝说。

与儿童讨论形而上学问题的三种方式

1. 阅读丽贝卡·斯特德（Rebecca Stead）写的《穿越时空找到我》（*When You Reach Me*）（适合 9 岁以上的儿童）。

这部青少年小说致敬《时间的皱纹》，并且获得了 2010 年的纽伯瑞金奖。这是一部非常吸引人的小说。故事发生在 20 世纪 70 年代末的纽约，讲述了小女孩儿米兰达（Miranda）和她的朋友、单亲妈妈、她妈妈的男朋友之间的关系，以及一个不解之谜。米兰达在上小学六年级时，开始收到一些预示着她的生活的纸条，应该是其他人所没有的。米兰达想要弄清楚为什么会收到这些纸条，还有，这些纸条怎么会如此准确地说出，1979 年她在美国曼哈顿上西区读六年级时的内心独白，以及她在成长中的烦恼与快乐。

花几个星期的时间陪伴孩子一起读这本书。这个故事能够激发孩子对"时间的本质""勇气""信任""生命与死亡的意义"等话题的哲学探究。

2. 观看《保卫你的生命》（*Defending your Life*）[1991 年上映的电影，等级：PG 级①（适合年龄稍大的孩子）]。

这部电影的主演是梅丽尔·斯特里普（Meryl Streep）和艾伯特·布鲁克斯（Albert Brooks）。影片讲述道：人死后被送往"审判之城"，每个人都像一个案件一样，要被法庭审判，由此来决定其是被送往更高一重天，还是被遣返回地球并在以后再次被审判。

人生如何被拿来审判？某些人的人生比其他人的更有价值吗？"更高一重天"是什么样子的？

---

① 在美国，由美国电影协会负责组织、由家长代表组成的委员会，根据电影的主题、语言、暴力程度、裸体程度、性爱场面等，对电影进行分级，以帮助家长判断一部电影是否适合特定年龄阶段的孩子观看。PG 级电影中的一些内容可能不适合儿童观看。——译者注

3. 阅读李欧·李奥尼(Leo Lionni)的《自己的颜色》(*A Color of his Own*)(适合各个年龄段的儿童)。

所有动物都有自己的颜色，但是变色龙无论去到哪里，它的颜色都会变化。故事中的变色龙一直在寻找自己的颜色，最终接受了自己多变的外表。

颜色究竟是什么？我们是否以同样的方式感受颜色？为什么颜色对我们很重要？为什么某些颜色好像可以激发某种情绪？当你在读故事的时候，你可以让你的孩子用他最喜欢的颜色画一幅画。读完之后，再根据那幅画来问如下问题：为什么这个颜色是你最喜欢的颜色？是这个颜色中有你喜欢的东西，还是有跟你相关的某些东西？这个颜色总是让你有同样的感觉吗？颜色是否有变化？

如下问题可能出现。

改变颜色会怎么样？每次换新颜色你都会感觉不一样吗？

有无色的东西吗？能举一个例子吗？(例如，光。)

有什么东西拥有许多颜色吗？你能想出一个例子吗？

一个东西可以既是红色的又是蓝色的吗？可以是粉红色的吗？栗色呢？

绿色是由蓝色和黄色组成的吗？如果是，绿色仅仅是蓝色和黄色吗？或者，它本身有什么东西？所有绿色的东西看起来都一样吗？

颜色是真实的吗？

第三章　死亡、现实与同一性：关于形而上学的思考　85

注　释

[1]华莱士·史蒂文斯的《诗集》于 1954 年首次出版，1982 年由霍莉·史蒂文斯再版。此处摘引得到了兰登书屋旗下的艾尔弗雷德·A. 克诺夫出版公司的许可。

[2]William James，*Some Problems of Philosophy*（Lincoln：University of Nebraska Press，1996）.

[3]Robert Coles，*The Spiritual Life of Children*（Boston：Houghton Mifflin，1990），p. 335.

[4]关于《哈利·波特与阿兹卡班的囚徒》中时间话题的讨论，可参见迈克尔·西尔伯斯坦（Michael Silberstein）所著的《空间、时间和魔法》["Space，Time，and Magic,"in *Harry Potter and Philosophy*，ed.，David Baggett and Shawn E. Klein(Chicago：Carus Publishing，2004)，pp. 186-199]。

[5]Lincoln Barnett，*The Universe and Dr. Einstein*(New York：Bantam Books，1974)，p. 108.

[6]Barnett，*The Universe and Dr. Einstein*，p. 117.

[7]Coles，*The Spiritual Life of Children*，p. 283.

第四章

知识与信念：关于认识论的思考

告知所有的真理，但请不要太直接——

成功有赖于迂回的谎言

我们脆弱的感官承受不了太耀眼的光芒

因为真理着实令人吃惊

就像缓解孩子对闪电的惊恐那般

请娓娓道来

真理必须逐步散发耀眼的光芒

否则每个人都会失明

——摘自：艾米莉·狄金森①（Emily Dickinson）

《告知所有的真理，但请不要太直接》（"Tell all the Truth but Tell it Slant"）[1]

---

① 艾米莉·狄金森，美国著名传奇女诗人，被视为 20 世纪现代主义诗歌的先驱之一。——译者注

什么是知识？

关于世界我们能够认识什么？

我们怎么知道自己所知道的？

知识和信念之间是怎样的关系？

我怎么知道我不是在做梦？

如果没有语言，你还能思考吗？

我能控制自己思考什么吗？

我的思考能控制我的行为吗？

想法和感觉之间有什么差异？

"我知道我内心的感受，这一点我是确定无疑的。"

——杰克逊（13 岁）

　　在一般的交谈中，我们经常自称知道各种各样的事情。当我们开始询问怎么知道的时候，我们不得不承认，自己确信的大多数知识主张似乎都是有问题的。当我们说知道某事的时候，意思是百分之百确信这件事吗？有多少是我们能够如此确信的？如果知识不要求如此绝对的确定，那它还要求什么？

与知识相关的问题以及知识与信念之间关系的问题，这些都是认识论领域的核心问题。许多当代哲学家将这些问题看作哲学最根本的问题，因为，为了就人类经验的任何方面提出主张，我们需要有一定的知识基础。我们能认识到什么？如果哲学探究致力于追求理解和寻求意义，那么当我们说出知道某事似乎至关重要时，我们应该辨别自己的意思。

自称知道某事、主张相信某事和宣称感觉到某事是真的，这三者之间有什么差异？

知识和信念

成年人往往在认识论方面有些预设：我们清楚自己知道什么。通常来讲，我们很少询问自己是否真的了解我们所做的事，以及很少检视我们所持信念的基础。相反地，儿童更倾向于接受的观点是许多知识主张都是暂时的，并且他们更倾向于改变自己的想法。这就是说，儿童愿意承认那些他们认为自己所知道的可能是错误的。因为儿童提出的许多东西对他们自身来说都是陌生的，而且他们对世界的理解是不断发展、不断变化的。他们经常认识到，自己确信的事情其实不是真的（如他们发现圣诞老人是不存在的）。因此，童年是开始思考我们被要求知道什么，考虑相信、思考和感觉这三者的意义以及意识到我们认为自己所知道的许多事情都可以被质疑的最佳时期。

例如，问问你的孩子关于苹果他知道什么。（苹果是红色的，是圆的。你可以吃掉它。它长在树上。）然后问问他是怎么知道这些的。

他可能会说他知道这是苹果而且它是红色的，因为他可以看到它。但是我们的知觉不会偶尔出错吗？我们可以确定自己所感觉到的（如红色）是对象本身的属性吗？或者它会与人类的生理结构（我们只能看到电磁波谱的一小段）有关吗？我们也可以断言，我们认识事物是因为已经被告知（被朋友、父母或者书本告知）。但是我们信任的人告诉我们的事情难道不会是错的吗？通过他人发表的言论（哲学家称之为"证词"①）而增长的知识有其自身明显的缺陷。

我们可以和年龄大一点儿的孩子玩儿一个有趣的游戏。这个游戏是让每个人在纸上写下一件事物的名称，并且提供其知道它的三个理由。然后每个人读出自己写下的理由，并且看看自己能否猜出来别人自称知道的东西。每猜对一次，就积一分。[2]

我和我的小儿子杰克逊经常玩儿这个游戏。举一个他认为自己知道的事物的例子："今天网络连接出问题了。"他的理由是："与平常相比，今天我们外出时间多，用不了太多电，并且我房间的一些东西出问题了。"我正确地猜出了他的观点是什么，这促使我们针对他是否真的知道网络出问题了进行谈话，并且讨论如果他知道这样的结果，他提出的理由能否证明他的观点。

　　"好吧，"他承认，"我可能是错的。这可能仅仅是互联网
　　公司的恶作剧。或者这是你对我的恶作剧。这些都是可能的。

────────────

　　① 外文原文中为 testimony。目前中国哲学界对它有三种译法：一是"证词"，二是"佐证"，三是"陈词"。此处根据上下文译为"证词"比较恰当。——译者注

我想是这样的，我认为网络出问题了，但我不确定。"

"所以，我们知道什么?"我问。

"你知道自己活着而且呼吸着。"

"还有别的吗?"

杰克逊想了一会儿。"我认为你只能知道你自己的事。我知道我内心的感受。我敢肯定这一点。我知道如果我把电视机的音量调大，我会觉得更吵。我可能不知道什么是真正的更吵，但是我确实知道那对我来说是更吵的。"

"但是，似乎我们的感觉也会出错，"我回应，"我可以说并且相信我没有生气，但是别人可能会指出我的行为表现表明我在生气，而且他可能是对的。"

"的确，有时候我们的自我认知会出错。但是如果你说'我感觉不生气'，那么可能就是你感觉不到生气。你可能生气了但是感觉不到。只有你能知道你内心的感受，我认为你对事物的感觉是不会出错的，但是你对事物的感觉可能不是你真实的样子。"

"你可以知道其他人的感觉吗?"我问。

"我不这么认为。你可以认为其他人感觉到了什么，但是你无法对它产生认知。"

"所以，知道某事和相信某事之间有什么区别?"

"带着信念，可能出于美好的理由，你认为某事是对的，但是你可能是错的，"杰克逊回应，"所以，你可以知道你内心的感受——饥饿或者疲累或者其他任何事情——但是甚至连这些事情你都未必真正知道，你能知道的仅仅是你感觉到了它们。而且你只能知道现在正在发生或者过去已经发生的事情，而不是未来的事情。你可以预测未来——例如明天太阳会升起——但是你不可能知道它。"

"那么，当你预测未来的时候，有一个信念在支撑吗？"

"有的。当你有好的理由认为一些事情是真实的时候，你就会相信这些事情。如果我说你在享受这次谈话，实际上我并不知道这件事情，我仅仅是基于你的反应而相信它。但是我可能是错的。"

"我确实很享受，"我说，"至少我相信我是这样的。"

"好的，妈妈，现在我相信我饿了。"

"好吧，我们进去吧。你可以喂狗吗？"

"你怎么知道狗饿了？"

"看看它。"我指向我们的狗。"它在门口发牢骚呢。"

"但是它可能因为其他事发牢骚。你相信它饿了，但是你并不知道。看看，这次谈话将会以把你逼疯结束！"

杰克逊很清楚，当我们自称知道某事的时候，相较于说出相信，我们需要更强有力的、更稳固的理由。那对我来说似乎是对的。相较于说我们相信某事，当我们说出自己知道某事的时候，我们做出了更强有力的声明。杰克逊似乎在争辩，如果"我们可能是错的"，我们不能自称知道某事。我不能如此确定这件事，这样一来，似乎几乎没有什么是我们可以声称知道的。杰克逊有这样的想法，即你只能知道你内心的感受，尽管你可能会错误地认知真正发生了什么。我认为他的想法很有趣。我们总是知道自己的感受吗？有时似乎我们会对自己真正的感受非常不确定，而且与我们关系亲密的人可以让我们深入了解自己都没有意识到的自己。但是，杰克逊认为，当人们以这种方式帮助我们时，他们是在帮助我们理解我们真正所处的境况，而不是我们的感受，因为没有任何人知道我们内心的感受。这样的想法是对的吗？

63 　　我父亲过世时，我悲痛欲绝。那个时候的我似乎一点儿也没有感到愤怒——至少我内心没有感受到我自认为通常情况下愤怒时表现出来的情绪。如果被问到，我会说我知道我没有愤怒，而不仅仅是我相信我没有愤怒。但是随着时间的推移，我意识到我感受到的痛苦中有一部分是愤怒——愤怒于我的父亲离我而去，愤怒于生活如此艰难，等等。所以即使我没有感受到愤怒，我（以某种奇怪的方式）确实愤怒了。但是如果我不能感受到情感，我怎么能经历这种情感呢？我相信我感觉到了，但是我不知道它，这种说法是合理的吗？我能感受到情感但是却不知道它吗？如果我不知道我的感受，我还能知道什么？

　　问问你的孩子，让他分别想出三件他相信的事和他知道的事。他相信某事但是不知道它，原因是什么？你可以知道某事而不相信它，或者我们需要为了知道某事而不得不相信它吗？

为什么我们要相信自己所相信的事物

　　柏拉图在《理想国》中提出的"洞穴寓言"是一个精彩的故事，它引发人们对如何知道世界这一问题的讨论。我和 9 岁的孩子讨论过这个问题。你可以告诉你的孩子，一旦他听到这个故事，他就会开始从其他故事、电影甚至视频游戏中找到它的痕迹。

以下是这个故事的梗概。

一群人像囚徒一样住在一个地下洞穴中，这个洞穴有一个宽敞的孔可以让光射进来。他们一生都生活在洞穴中，而且这就是他们所知道的一切。他们的身体被锁链缠着，他们的腿和脖子被固定住，所以他们只能直视洞穴的后墙壁。他们不能看到彼此。在他们的身后，一团火正在燃烧着。火堆和人之间有一堵墙，而这堵墙充当木偶表演的舞台。通过这堵墙，他们感知到了多种人为的东西，如人和动物的轮廓。

这群人只能看到物体通过火光投射到他们面前墙壁上的影子。这个洞穴会产生回声，所以，当墙和火堆之间操纵木偶的人说话时，他们以为声音来自洞穴墙壁上的影子。因为这些洞穴居住者从出生起就在现在的位置，所以他们相信这些影子一直都这样存在。

柏拉图提出，想象一下，其中一个人从锁链中解脱出来。他转过身来，他因火焰的耀眼光芒和事物的清晰感到刺目和不适，因为在此之前，他只看到了它们的影子。最终，他翻过那堵墙，越过那团火，到达了洞穴外面的世界。起初，他甚至因太阳的强光感到更加焦虑不安，强光导致他看不到东西。但是随着时间的推移，他开始越来越清晰地辨认世间的事物，并且为世界的美丽——世界的色彩缤纷、形态各异以及生机活力——所冲击。他理解了他一生所认为是真实的东西不过是影子罢了。

洞穴居住者的先行者可以生活在洞穴以外的世界并且享受他发现的美好。但是他对他的伙伴感到抱歉，所以他回去了，试图说服那些仍然被监禁着的人们，告诉他们墙上的影子仅仅是"真实的"东西的闪烁着的映象。但是他们不相信，而且暴怒。他们认为他疯了。[①]

可以试着向你的孩子提些问题，例如：你想从这个洞穴中被释放出来吗？想象一下，洞穴就是你所知道的一切。你从洞穴中出来，你的感觉会是怎样的？

我发现，大多数年轻人最初倾向于说他们想要从洞穴中解放出来。他们提到好奇心，提到探险的欲望和对知晓真理的向往；他们想象，如果没有接受去看看外面世界真实样子的机会，他们最终会后悔的。

然后，我说："我们现在不考虑你在洞穴中。想象一下，一个来自另一个星系的外星人出现在你面前，并且告诉你，你所认为的、你正在经历的所有事都是一种错觉。如果你跟这个外星人走，你就有机会经历真实的世界。这个外星人传播真理和善意，并且得到了你的信任。尽管进行这次冒险意味着离开你所热爱的所有东西和所有人，意味着你知道当你回来时，你所学习到的东西可能会改变你的生活并且让你的人际关系受到极大挑战（甚至有可能回不到从前）。你会离开吗？"

当我以这种方式描述时，许多学生仍然说他们会离开洞穴。其他学生说他们会选择留在洞穴，因为他们害怕当他们从外面的

---

① 上述翻译参照[古希腊]柏拉图：《理想国》，郭斌和、张竹明译，272～275 页，北京，商务印书馆，1986。——译者注

世界回来时会经历巨大的孤独和孤立。还有部分学生谈到的是他们对安全感和亲密感的需要。在去年我讲授的一节课中，一名青少年学生对此做出回应："我认为，与他人产生联系是人类根深蒂固的需要。离开我们的世界中的所有事物并且成为唯一一个知道真相的人，太痛苦了。"

你可以向你的孩子提些问题。例如：我们的世界中有没有像洞穴一样的东西？尝试着和孩子一起想想哪些东西我们认为是真的，但其实仅仅是影子。有多少是我们在其他人的影响下自称知道的，我们的思想和信念有多少是这样形成的？这是以何种方式发生的？电视、电影、视频游戏还是网络呢？这些东西会影响我们看待世界的方式吗？

一些年轻人认为整个世界就像洞穴，因为就像一名八年级的学生说的那样，"我们经历的所有事都基于我们通常接受的规则、假设以及信念"。另一名学生坚持认为："我们所认为的所有事都受到某物或某人的影响。我们的父母、朋友和宗教信念都会影响我们。你走进我们的课堂，教会我们质疑，这也会对我们的思考产生影响。"

是否有可能避免我们自认为的对这个世界的了解被经验影响？我们所能知道的所有事都来自我们内心吗？我们能知道自己所经历的东西是不是真实地反映了独立于我们自身之外的世界吗？我们能知道关于这个独立世界的所有事吗？如何得知？

知识的局限性

一旦你开始思考，你可能难以想出哪件事你知道是真实的，而不只是相信是真实的。通常情况下，就像杰克逊在关于知识和信念的对话中做的那样，我们只能知道那些绝对确定的事情。但是我认为，我知道的事情几乎总是可能出错的（即使这种可能性是极小的）。存在这种可能性的事实意味着我不知道这件事吗？我们必须确定才能拥有知识吗？

苏斯博士（Dr. Seuss）写的《霍顿与无名氏》（*Horton Hears a Who*）是我最喜欢的书之一。这本书介绍了大象霍顿和他的经历。当"在凉快的游泳池里"溅起水花时，他听到了就像小狗叫声一样的小小的噪声，但是他什么都没有看到，除了"一粒微尘从天空中飘过"。霍顿推测，这粒微尘上面一定有一个小小的生物，而且它一定很害怕微尘落到泳池里。他关心地说："因为一个人就是一个人，无论他多么渺小。"霍顿轻轻地用他的象鼻举起微尘，把它放在一片三叶草上，尝试着保护它。

丛林中的其他动物嘲笑霍顿，猜测他"疯了"之后，霍顿听到三叶草上发出了小小的声音，而声音的主人承认自己是一个叫作"无名镇"的镇子的镇长。霍顿拯救了所有的无名氏和他们的居住地。当其他动物追逐霍顿，最后威胁要监禁他并清除微尘时，所有小小的无名氏制造出足够大的噪音最终让其他动物听到。其他动物这才意识到三叶草上确实存在着非常小的人类。

当你与你的孩子一起读这个故事的时候，你可以问一些问题，例如：霍顿知道当他听到声音的时候微尘上有一个人吗？他是怎么知道的？在你看来，为什么其他动物不相信他？你会相信霍顿吗？为了相信一个东西是存在的，你必须亲自去看到、听到或者摸到它才行吗？你能想出一个即使你看不到、听不到也摸不到，但你知道它是存在着的东西吗？

各个年龄阶段的读者都可以阅读霍顿的故事。年龄大一点儿的孩子也可以通过阅读挪威哲学家乔斯坦·贾德(Jostein Gaarder)撰写的小说《苏菲的世界》(*Sophie's World*)探索关于知识的问题以及了解某事的证据。这部小说讲述了如下故事：14岁的女孩儿苏菲寻求解开通过一系列信件而进入她的生命的谜团。她收到的前两封信只是写着"你是谁"和"世界从哪里来"。

在试图解开谜团的过程中，苏菲不得不从一位神秘的哲学家那里申请关于哲学史的课程。这部小说引人入胜，对哲学做了通俗易懂的介绍。这部小说非常适合与你年少的孩子一起阅读，你们可以顺着它提供的所有问题进行讨论。

《苏菲的世界》中的主要问题是：你头脑中的东西是否比世界中的东西更重要。我们所知道的这个世界一切都在我们的头脑中吗？我们只有通过思考才能体验这个世界吗？我们的经验"都在我们的头脑中"吗？

牛津大学的尼克·博斯托罗姆(Nick Bostrom)[1]描写过他的假设。他假设，在未来，先进的人类拥有功能非常强大的电脑，这样的电脑可以运行"祖先仿真"，创造出一个由大量的人类祖先高精度仿真体居住的虚拟世界。以许多人认同的观点看来，如果一台电脑功能足够强大和先进（我们目前还没有这种电脑），它应该

---

① 尼克·博斯托罗姆，瑞典哲学家，牛津大学哲学系教授。他是牛津大学人类未来研究院的创始人和院长。他最著名的研究领域包括：生存危机；模拟论点；人择理论（发展第一个观察选择效应的数学理论）；未来科技的影响；结果主义对全球战略的意义。——译者注

可以模仿一个有意识的人脑。所以，博斯托罗姆主张，让我们假设这些模拟的人会有主观的经验。因此，他坚持认为，可能像我们的头脑一样的绝大多数头脑不属于人类，而是属于那些被现在的人类的高级后代模拟出来的人。他告诉我们，虚拟祖先的数量可能会远远超过真正祖先的数量，我们可能被虚拟的头脑包围而非原始的生物头脑。我们都是虚拟的祖先，这种可能性是不是也是好的呢？我们怎么知道其中的区别？[3]

几年前，我与五年级的学生讨论过这个问题，我们讨论了自己是虚拟人类的可能性，以及我们确切地知道自己不是虚拟人类的可能性。我们应该为此担忧吗？是不是非常有可能，这意味着我们不可能知道我们存在于这个物理世界是否是世界的需求？如果不知道这一点，我们能知道什么？

"好吧，"坐在房间里前面位置的一个安静的 10 岁女孩儿回答道，"可能我不能够知道我不仅仅是一个电脑的头脑，或者我不能够知道我正住在洞穴中并且只能看到影子。但是我能知道的是，如果我在思考我能知道的，我可以确定至少我是在思考的，即使这就是我能知道的关于我自己或者其他任何事的一切。"

67　我认为这是惊人的。我告诉她，大约 400 年前哲学家笛卡尔（Descartes）得出了类似的结论。如果我在思考问题，最终我可以确定的是，即使其他什么我都无法确定，我还是一个思考的存在。

我怎么知道我不是在做梦

17 世纪，笛卡尔开始使用所谓的"怀疑的方法"分析知识的本质。如果我们以怀疑所有我们认为自己知道的真理开始，那么他推测，之后我们可以开始利用任何真理都经得起考验这一点来构建我们真正知道的知识。从真理出发，我们可以证明自己所宣称知道的，可以构建大量由知识构成的真理。

在笛卡尔的"梦的论辩"中，他指出了非常生动的梦似乎无法与清醒的现实生活区分开来的方式。有时我们从一个强烈而清晰的梦中醒来，需要一些时间来确认这是不是梦或者我们是不是还在梦中。我怎么知道我现在正在经历的不是梦？当我与儿童谈论笛卡尔的观点时，阐明如何确定自己现在不是在做梦的困难立刻展现在他们面前。

做梦是儿童魔力的来源。大多数儿童都有过强烈的做梦经历，积极的梦和噩梦都有。作为家长，在孩子做了噩梦或者听说别人做了奇怪的梦之后，我们必须去安慰孩子。我发现，通常情况下，与我的孩子谈论他们的梦可以引发关于做梦的有趣交流。

例如，听完你的孩子讲述梦中的事件之后，问问以下问题：你是否记得你的梦，就像你记得你清醒时发生的事情那样？你认为我们为什么会做梦？你认为在你的梦中你会思考吗？睡觉和做梦是生活中的重要部分，而且它们依然十分神秘。如果我们不睡觉，人类生活会是什么样？我们对梦的记忆和对清醒时发生事情的记忆感觉是一样的吗？

许多童书都涉及梦。艾伦·贝克（Alan Baker）写的《本杰明的噩梦》（*Benjamin's Dreadful Dream*）讲述了本杰明无法入睡之后的冒险。他起床后吃了点儿小吃，并且发现了在他身上发生的各种各样疯狂的事。这些冒险让人感觉非常真实。它们仅仅是个梦吗？在这些冒险中本杰明的感觉是真实的吗？

68 　　　　　我做了一个关于《哈利·波特》中伏地魔的梦。他穿着 T
恤和短裤，骑着自行车。他试图进入我们的房子。他爬到房
子的外面而且开始猛击门，试图找到进来的方式。这样的梦
我做过几次，都吓到我了。梦不是真的，那它怎么会吓到
我呢？

　　　　　　　　　　　　　　　　　　　　——伊娃（Eva，10 岁）

　　当我与学生谈论睡觉和做梦时，我通常以询问他们关于这两
个主题有什么问题开始。几年前，在五年级的一堂课上，学生的
问题包括以下几个。

　　　　什么是梦？

　　　　梦可以影响你的日常生活吗？

　　　　梦是如何产生的？

　　　　我们为什么做梦？

　　　　我们可以选择做梦吗？

　　　　什么是睡觉？

　　　　我们怎么知道自己现在不是在做梦？

　　　　我们的思考是如何影响我们的梦的？

　　　　梦是真的吗？

　　　　你怎么知道你在做梦？

我们开始讨论什么是梦以及梦中是否总是出现画面和/或话语。有些学生说他们的梦总是有颜色的，其他人则从未做过这样的梦。有些学生讨论了他们做过的更加强烈的梦。

"所以你们认为我们为什么做梦？做梦的要领是什么？"我问。

卢克："我认为梦帮助我们了解自己对事物的感受。有时我生气了，之后我做了相关的梦，我就会感觉好多了，因为我为什么知道了我会产生那样的感觉。"

凯瑟琳（Kathleen）："梦帮助我们平衡自己的感觉。就像有时我觉得难过，之后我梦到了一些使我真的很开心的事情。或者我很兴奋，之后我梦到了一些让我冷静下来的悲伤的事情。"

玛丽（Mary）："有时梦是很吓人的，你醒来的时候甚至比你睡觉前还疲劳。"

当我问"如果你们可以选择是否做梦，你们会选择做梦吗"时，大多数学生给出了肯定的答案。然后我问他们为什么。

伊娃："我认为当我们睡觉时，梦可以让大脑保持活跃。我们的大脑不想完全关闭，因此我们会做梦，梦让大脑继续做着一些事情。"

马特（Matt）："这就像中说，梦是我们头脑的保护屏！"

　　　　似乎每个人都喜欢这个说法。

　　萨拉(Sarah)："我觉得梦真的很有趣。我不能想象不做梦会怎样。"

　　劳伦(Lauren)："如果梦是生活中非常重要的一部分怎么办?"

　　我："你是什么意思呢?"

　　劳伦："如果在梦中我们过着另一种完整的生活，而当我们清醒时，我们不能理解梦中生活和清醒生活一样重要，这该怎么办?"

　　玛丽："为了生活，我们需要睡觉。如果人类身体需要睡觉的部分原因是做梦真的很重要，那该怎么办?"

　　莫莉(Molly)："也许梦是我们睡觉时生活的另一个世界，而且当我们清醒时，我们认为它不是真的，但是梦真的与现实一样重要。"

　　"梦和醒的经验之间有什么不同?"我问。

　　有些学生指出，梦是"模糊的"和"让人感觉很奇怪的"，而且包括"现实生活中不可能发生的事情，如飞翔"。不过，另一些学生观察到，他们的梦经常接近"现实生活"，他们在醒来后需要花一些时间来分清发生的事情是梦还是现实。之后我们讨论了自己现在是否可能在做梦。("我们的全部生活可能就是一个梦!"一名学生惊呼。)

迈克尔："确实不能确定我们现在不是在做梦。"

迪伦（Dylan）："不是的，有方法来确定。梦不会让人感觉如此清晰。如果这是梦的话，我们不会在讨论这是不是梦。"

尼克（Nick）："可能是这样的。有时我在做梦，我认为我是清醒的，我问我自己是不是还在做梦，之后我意识到我仍然在梦中。就像在梦中又做了一个梦。"

埃文（Evan）："我想知道我们现在是否真的就在梦中。"

就像哲学对话中的典型，这场讨论很热烈，从探究我们为什么做梦转移到分析梦和现实生活的区别。学生意识到他们大多数人对梦有强烈的想法，这些想法非常多样，而且他们更加清晰地理解了隐含在做梦和睡觉中的问题。

我们一生中大约有三分之一的时间在睡觉上，而且其中很大一部分时间是在做梦。做梦时意识的本质是神秘的。我们做梦的原因和梦如何进行仍然是未解决的课题。我喜欢学生的想法，如我们的梦可能与现实生活一样重要，再如可能我们不是因为睡觉而做梦，而是为了做梦而睡觉。最近的科学研究表明，做梦确实在健康和顺遂中起着重要作用。梦可能是"我们头脑的保护屏"，这种可能性是真的。但是，正如学生指出的，梦不总是平静的。梦会涉及复杂的心理体验，引发强烈的情绪——正如学生所言，梦会使我们平静下来或受到惊吓或感到快乐——而且有时梦是一种强烈的体验，以致我们会记得很长时间。我们做的梦似乎没有一致性：有些梦是色彩缤纷的，有些则不是；有些似乎很真实，其他的则没有。正如一名学生所问：是我们选择做梦还是做梦是人之所以作为人的一个重要部分？梦是我们的组成部分吗？

真实性和经验

克罗克特·约翰逊(Crockett Johnson)创作的绘本《哈罗德与紫色蜡笔》(*Harold and the Purple Crayon*)开头这样写道："经过一段时间的思考"，哈罗德决定在月光下散步。月亮没有出来，所以哈罗德用他的紫色蜡笔画了一个。之后，他画了一条他可以走一走的又长又直的路。哈罗德继续画了一个他可以漫步的森林，一条最终吓到他的龙，一片他差点淹死在里面的海洋以及一艘之后救了他的船，一片沙滩，一份要吃的午餐，等等。

这是我的孩子小时候最喜欢的故事。而且，从一年级到中学的课堂上，我都曾跟学生一起读过这个故事。它引发了许多问题，例如：哈罗德是在假装吗？他画的是真的吗？他画的东西怎么会吓到他呢？我们看到的月亮比哈罗德的月亮更真实吗？——如果是这样，为什么呢？哈罗德在做梦吗？我们能创造我们自己的现实吗，或者我们即使根本不知道现实是什么样的也可以这样做吗？我们想要创造我们自己的现实吗？

电影《黑客帝国》受到柏拉图"洞穴寓言"的启发，在当代体系中引发了一些问题。大多数青少年喜欢这部电影，它涉及被困在被称作"黑客帝国"的人造精神现实中的人类。在这部电影中，被困在黑客帝国的人就像洞穴中的人一样。他们只能经历机器想让他们经历的事情，而且这样的经历只能存在于虚拟世界。然而，黑客帝国的人们认为他们生活在外部世界，而且他们接受自己的感觉所感知的一切存在。

在电影开始有一个镜头，主角尼奥（Neo）可以选择服用红色药片还是蓝色药片。蓝色药片可以使他醒来并且相信他仅仅做了一个梦，梦到他的整个人生都不是真的。红色药片会将他带到对更深远的"真实"世界的体验中。这个世界在黑客帝国之外，并且让他参与反对人工世界的抵抗运动。

欣赏完这部电影，你可以向你的孩子提些问题。例如，你会吃掉红色药片还是蓝色药片？如果我们身处黑客帝国，你想要知道自己的处境吗？

这部电影中的另一个角色塞弗（Cypher），选择放弃抵抗，回到黑客帝国。他不想再活在真相中，因为真相太丑陋而且让人太痛苦了。他更喜欢黑客帝国的谎言带来的喜悦。问问你的孩子如下问题：如果我们感觉愉快，黑客帝国又有什么问题？从某种程度上讲，生活在黑客帝国不比看到事物真实的样子更好吗？这就是塞弗的结论。他错了吗？

哲学家罗伯特·诺齐克设计了"思想实验"来帮助我们思考问题。这个特殊的思想实验就是众所周知的"体验机"。

假设有一台体验机，它可以给你带来任何你想要的体验。杰出的神经心理学家会刺激你的大脑，让你感觉你正在写一部精彩的小说，或者在交朋友，或者在读一本有趣的书。但是你一直漂浮在水缸里，大脑上连接着电极。你愿意一生连接着这个机器，程序化设定你的人生愿望吗？……当然，当你在水缸里的时候你不知道你在里面；你会认为这所有的一切都是真实发生的。你会连接这个机器吗？对我们来说，还有什么比生活中的内心体验更加重要的呢？[①][4]

你不是在外部世界真正做这些事而仅仅是在你的头脑中进行这些体验，如果这两者让你感觉完全一样，这对你来说会有什么不同吗？如果你在方方面面的状况看起来都不错，你会体验一下吗？

这些问题可以引发关于虚拟世界的讨论。在虚拟世界中，许多儿童（以及许多成年人）花费了太多时间。虚拟世界是与非虚拟世界不同的另一种现实吗？对我们来说，我们在虚拟世界（如社交网络、在线游戏）中的体验与我们在物质世界里发生的事情一样真实吗，会有所不同吗？例如，只存在于虚拟世界的友谊和我们在学校与同学之间的友谊会不同吗？

诺齐克表明体验机不能给我们真实的生活，"对我们来说，重要的是做某些事情，而不仅仅是获得做这些事情的体验"[②][5]。使用体验机，你不是与现实直接联系，而是与机器产生的现象直接联系。尽管这些现象给予我们所期待的内在体验，但我们并不是在外部世界真正拥有那些体验。

在《哈利·波特与魔法石》（*Harry Potter and the Sorcerer's*

---

① 此处翻译参照［美］罗伯特·诺奇克：《无政府、国家和乌托邦》，姚大志译，51～52页，北京，中国社会科学出版社，2008。——译者注

② 此处翻译参照［美］罗伯特·诺奇克：《无政府、国家和乌托邦》，姚大志译，52页，北京，中国社会科学出版社，2008。——译者注

Stone)中,哈利发现了厄里斯魔镜,而这个神秘的镜子向我们展示了"我们内心最强烈、最迫切的欲望"。镜子向哈利展示了他被充满爱的家人包围的景象,而且他被所看到的景象迷住了,想要一次又一次地回到镜子前去凝视这个幻象。学校的校长邓布利多(Dumbledore)警告他,"这个镜子既不会给我们知识也不会给我们真理",而且"不要沉溺于虚幻的梦想而忘记现实生活"。①[6]

问你的孩子如下问题:你认为你会在镜子中看到什么?镜子会告诉你一些你不知道的事情吗?镜子真的会告诉你,你内心最深处的欲望是什么吗?如果你不知道自己内心的欲望是什么,镜子告诉你的会是你内心最深处的欲望吗?镜子可能会向你展示你不能用语言表达的欲望,但是你会知道欲望的存在吗?在这个故事中,哈利向往他的家庭,他的朋友罗恩(Ron)想要作为一个独立的个体在他的大家庭中脱颖而出。哈利和罗恩知道这些欲望吗?

当邓布利多告诉哈利这个镜子不能带来知识和真理的时候,他是什么意思呢?哈利可能因如此着迷于镜子中的景象而要么将它们当作现实,要么将精力集中在这些景象上而不是现实中吗?邓布利多的意思可能是,关于世界的知识必须是关于世界真实样子(而且不仅仅是它出现在我们眼前的样子)的知识,镜子中的幻象不能给我们知识是因为它们仅仅是表象而已(就像笛卡尔的梦)。但是有时梦不能让我们对自己有所洞察吗?哈利不能通过在镜子中看到的而且在其他地方看不到的东西发展一些对自我的理解吗?

厄里斯魔镜似乎在某些方面类似于诺齐克的体验机:两者都

---

① 此处翻译参照[英]J. K. 罗琳:《哈利·波特与魔法石》,苏农译,166 页,北京,人民文学出版社,2014。——译者注

在许多方面创造了不真实的体验。哈利正在看着的不是真正发生的事情。哈利看到的幻象可能给他带来许多与家人真的在身边相同的感觉，然而看着父母的幻象与父母在身边并不是一回事。这些景象是不真实的——它们不是他的父母——而且他与这些景象发展的关系不是真实的关系，同样地，在梦中与熟人相遇也不是真实的。

对我们的生活来说，真实意味着什么？

73　索尼娅·列维京（Sonia Levitin）的绘本《把心藏在桶里的人》（*The Man Who Kept His Heart in a Bucket*）思考了指向真实生活意味着什么的问题。在这个美好的故事中，杰克（Jack）一旦伤心了，就会把他的心放在桶里，这样他才能专注于他的工作。这防止他再次伤心，但是也意味着他感受不到愉快和深层情感。这个故事自然会激发出关于杰克生活中缺失什么的讨论。他在呼吸、工作、吃饭和睡觉，但是他真的在有意义地活着吗？为什么在我们看来他的处境如此可悲？

这本书提出了一系列不同的问题。厄里斯魔镜构建了一种情境，在这种情境中我们的感觉很真实，但却源于景象而非现实。在《把心藏在桶里的人》中，杰克拥有真实的体验，但是他内心什么都感受不到。什么使体验变成了真实的呢？为了真实性，与现实直接联系和经历内心情感都是必要的吗？知识和真实之间的关系是什么？为了让我们的体验变得真实，我们必须掌握自己正在经历的事情背后的知识吗？我们能掌握关于自己的想法和情感的知识吗，或者我们能思考和扭曲我们的经验吗，或者两者都可以？

思考的本质

几年前，在五年级的课堂上，我和学生正在就思考和如何定义思考进行讨论。其中一名学生解释说，思考是我们一直在做的事，是即使我们尝试了，但似乎也不能停止做的事，而且当我们考虑思考和想法时，就会意识到我们并非真的理解它们是什么以及它们是如何运行的。我们通过思考理解世界，与此同时，思考也会阻碍我们的理解。

一名学生问："我们做梦时是否在思考？"另一名学生明显深入思考过这个问题，举手说道："加纳博士，我可以在黑板上画出我在想什么吗？我不能用言语表达，但是我认为我可以把我的想法画出来。"她画了两幅画：第一幅画的是一个人躺在床上做梦，第二幅画的是这个人做的梦。她指着第二幅画说："如果这是真正发生的，而那个(指第一幅画)根本不是真的怎么办？"

从那以后，我很多次回想起那个时刻。它以奇妙的方式说明了"思考"这一概念的奥秘。思考需要语言吗？我们会有不能表达的思考吗？当我画画时，我是在用图片思考吗？思考是从什么时候开始的？它是否与语言的获得相一致？如果是这样，那这个年轻女孩儿怎么会像她说的那样，不能用语言表达她的想法，而是用画画代替语言表达？

这件事促成了我和学生关于思考到底是什么的对话。在思考被表达出来之前，思考就存在吗？有时我们似乎有了想法但是不能准确地表达，因为它好像超出了表达的范围。一旦我有了想法

74

并且可以表达它，我就开始思考了吗？这个学生有想法但是表达困难吗？一旦她能画出来，她就能思考吗？有想法和思考是不同的吗？

思考是人类存在的核心的、独特的特征。我们经常思考，但是我们知道思考究竟是什么吗？我们可以控制自己的想法吗？我们怎么定义想法？思考需要词语吗？词语和了解之间是什么关系？婴儿会思考吗？如果我们经历情绪体验，那是思考吗？知识总是涉及思考吗？

和学生一起检视"想法"（thought）"思考"（thinking）"认知"（knowing）和"感觉"（feeling）的意思非常有趣，因为他们正在学习如何区别这些概念。尽管成年人可能很早便意识到这些区别了，但是这些问题同样使其疑惑。我们经常表达我们所思考的和所感受到的，我们所知道的或所相信的，但是当我们停下来询问这些词是什么意思时，我们意识到自己不是那么确定。对儿童来说，思考和感觉之间的关系很有趣，因为他们经常尝试厘清如下问题：如何表达想法和感觉？如何处理不想要的事物？这为与孩子进行对话提供了广阔的领域，因为这些概念如此基础和令人熟悉，同时又如此扑朔迷离。

婴儿会思考吗？当生活中有新生儿降生时，你与你的孩子可以进行特别有趣的对话。看着婴儿，对婴儿的经历感到好奇，你可以问问你的孩子他认为婴儿经历了什么。婴儿有感受吗？婴儿会思考吗？

几年前，我与一些小学生讨论过这些问题。

乔希(Josh)说："婴儿思考'我饿了'，之后就哭。"

其他学生持反对意见，认为婴儿没有真正地思考"我饿了"，因为婴儿还没有掌握那些词汇。

玛丽："婴儿感觉到饥饿，但是那是思考吗？"

我："我们必须用语言去思考吗？"

卢克："怎么可能必须有语言才能思考？如果没有语言人们就不会思考，那么语言是怎么产生的？难道不是必须先有想法，之后人们才为那些想法创造出了词语吗？"

我们很困惑：没有语言，想法会是什么样的？这立刻引发了一场迸发出很多想法的讨论。一名学生解释说她想尝试理解"思想中的思想概念"(the concept of a thought within a thought)。我们分析了一会儿。拥有"思想中的思想"是什么意思？我怎么能同时拥有不止一个想法？如果我在思考某事——如晚饭吃什么——我能同时思考天气吗？

凯西(Cassie)："我想知道，想法真的存在于世界中吗？"

阿比(Abby)："想法不是真的，因为它们仅仅存在于我们的头脑中。只有我们通过在世界上做某事或者创造某事来实践它们，它们才能变成真的。"

亚历克斯(Alex)："我不同意。想法在我们的大脑中，它们是物质的，所以在这个意义上，想法必须是世界的一部分。"

乔希："如果想法在我们的头脑中，而大脑是物质性的，那就意味着想法一定是物质性的吗?"

汉娜(Hannah):"不是。我认为不是。我们用大脑思考,但想法不是存在于我们大脑中的物质。感觉是物质性的,但想法不是。"

我:"你是什么意思?"

汉娜:"你感知到身体的感觉,然而想法仅仅存在于你的大脑中。当你思考感觉某事的方式时,你就不能体验感受了。"

我:"这个观点总是真的吗?让我们的思路退回去一点儿。什么是感觉?"

扎克:"我认为有两类感觉。一类是当你应对一些事情时你的身体产生的感受,如手拍打桌子;另一类是情绪,这是不同种类的感觉。"

我:"好的,所以我们至少有两类感觉:感受和情绪。这两类感觉与想法有何不同?"

妮科尔(Nicole):"我认为你不可以没有想法而拥有情绪。情绪源于大脑,就像想法那样,然而感觉来自你的身体。"

亚历克斯:"我认为,没有思考你也可以感受情绪。当我的狗要被喂食时,它会感到很开心,但它不是在思考,真的。"

在威廉·史塔克的绘本《驴小弟变石头》(*Sylvester and the Magic Pebble*)中,西尔维斯特(Sylvester)是一头驴,他找到了一块可以许愿的石头。几个愿望实现之后,西尔维斯特被一条龙吓到了，感觉很恐慌，他说："我希望我是一块石头。"他变成了一块石头而且不能再捡石头许愿了。想想他的生活，他感到很无助。过了一年，因为他的父母和社区人员不再寻找他了，西尔维斯特试着接受将永远成为石头的事实。结尾，他的父母找到了魔法石，许愿让他变回自己，他最终变回了驴。

当西尔维斯特是一块石头的时候，他在思考吗？石头会思考吗？他在思考这一事实就证明他真的还是一头驴吗？驴能够思考吗？

获取知识的途径

儿童面对着无休止的、相互竞争的知识主张，而且必须评估各种来源的信息。如何区分有害信息和有益信息？什么特征可以证明一个主张是真的？你如何得知信息提供者的动机和可靠性？你应该相信谁？思考认识论问题有助于儿童发展对知识的批判方式。建构对知识主张（同辈和成年人对互联网与电视的知识主张等）合理的怀疑态度，有助于年轻人对选择信任哪些信息来源形成良好判断能力。

从传统意义来讲，我们希望儿童从他们生活中的"知识丰富的成年人"那里汲取知识。但是儿童有他们自己了解知识的方式，而且建构个人对世界的理解以及探寻他们自己问题的答案对他们来说非常重要。通过类似本章描述的对话，儿童可以与自己的问题、想法产生联系，开始建立自己的世界观。探究如思考、感觉、知识和信念这样的概念（以及它们之间的关系），可以鼓励儿童相信自己的观点和获取知识的方式，帮助他们变成独立的思考者。

与儿童讨论认识论问题的三种方式

　　1. 阅读 C. S. 刘易斯（C. S. Lewis）写的《狮子、女巫和魔衣橱》（*The Lion*，*the Witch and the Wardrobe*）（适合 8 岁及以上儿童阅读）。

　　这部小说（以及整个"纳尼亚传奇"系列①）深刻地蕴含着哲学意味，深入地研究时间的本质、善良、邪恶和真理的问题，研究现象和现实的关系问题，研究其他世界存在的可能性问题。例如，这部小说的第五章涉及两个大孩子和一位教授之间的一次对话。他们在第二次世界大战伦敦空袭期间待在一起。两个大孩子讲道，他们的妹妹露西（Lucy）穿过衣柜到过纳尼亚，并试图说服他们这确实发生了。

　　哥哥姐姐希望教授得出结论——露西在说假话，但是相反，他问他们，露西通常说的话真实性有多大，是否有证据证明露西疯了。这是个逻辑问题，他告诉他们：露西是在说谎，或是疯了，或是在诉说真相，前两种可能性似乎都是假的，因此她一定是在说真话。两个孩子问："穿过衣橱不是每次都能见到纳尼亚，纳尼亚怎么会是真的?"教授反问道："真的东西是否一直存在?"

　　每一章节都会激发出可以引发哲学探究的有趣问题。

_____

　　① 整个系列由七个分册组成，按照故事的时间顺序，分别是《魔法师的外甥》《狮子、女巫与魔衣橱》《能言马与男孩》《凯斯宾王子》《黎明踏浪号》《银椅》《最后一战》。——译者注

2. 观看电影《盗梦空间》(*Inception*)（2010 年上映，评级为 PG -13①，适合年龄较大的儿童）。

在这部电影中，演员莱昂纳多·迪卡普里奥(Leonardo Di-Caprio)扮演的角色是道姆·柯布(Dom Cobb)，一个盗梦者。当人们在做梦的时候和最脆弱的时候，他可以从他们的头脑中偷走想法。在逃避追捕时，柯布被商业大亨雇用来运作盗梦空间。在盗梦空间中，想法会被植入某人的头脑，而不是从中抽取出来。这通过创造一个梦境，将盗梦空间里的东西带到那个梦境中来完成，之后有人用自己的潜意识填满它。和他组织的团队一起，柯布创造了一个多层梦境来履行签订的合约。令人激动的是，《盗梦空间》引发了许多哲学问题，包括如下问题。

我们怎么知道自己的感官经验是真的？

我们怎么区分梦和清醒生活？

想法可能会引起物质事件吗？

记忆和梦之间是什么关系？

我们可以想象自己没有经历过的事吗？

3. 阅读李欧·李奥尼写的《一只奇特的蛋》(*An Extraordinary Egg*)（适合所有年龄的儿童）。

杰西卡(Jessica)是一只青蛙，她和另外两只青蛙住在一起。杰西卡"充满好奇"，经常出去冒险，长途跋涉，回来之后兴奋地大

78

---

① PG -13 级电影中的一些镜头不适合 13 岁以下的儿童观看。他们需要在父母的陪同下观看。——译者注

声说着她所发现的事，即使那"什么都不是，只是一块普通的小石头"。一天，她发现了她自以为完美的白色石头，它几乎和她一样大。她把它带回家，其他青蛙指出那不是一块石头而是一只鸡蛋。"你们怎么知道的？"杰西卡问。"有一些事你就是知道。"其中一只青蛙回答。

很快，蛋壳裂开了，一个"四只脚行走，身子很长，又长着鳞片的生物"出现了。三只青蛙都惊呼，"一只鸡！"他们花时间和鸡一起玩儿，鸡和杰西卡变成了好朋友。一天，一只鸟告诉他们那只鸡的妈妈一直在找她，杰西卡和鸡一起跟着那只鸟去寻找鸡的妈妈——巨大的鳄鱼。杰西卡回家后，她告诉其他青蛙，鸡妈妈把她的孩子叫作她的"小甜甜鳄鱼"。"这是件多么愚蠢的事"，其中一只青蛙评价道，而且他们全都笑个不停。①

为什么杰西卡相信其他青蛙告诉她的"鳄鱼是鸡"？为什么甚至在她见到鳄鱼妈妈的时候还是继续相信？通常我们因为来自其他人的证词而相信我们拥有知识。这样的信息真的是知识吗？其他人的言语能给予我们相信某事的基础吗？我们如何决定相信哪个证词？这取决于与我们交谈的人如何知道他们自认为知道的东西吗？我们面对不真实的证据时，有多少次依然坚持我们的信念？

注　释

[1]此处引用得到了出版商和阿默斯特学院董事会的许可。转引自 Thomas H. Johnson, ed., *The Poems of Emily Dickinson* (Cambridge, MA：The

---

①　此处翻译参照[美]李欧·李奥尼：《一只奇特的蛋》，阿甲译，7，海口，南海出版公司，2010。——译者注

Belknap Press of Harvard University Press)。该著作的版权于 1951 年、1955 年、1979 年、1983 年由哈佛大学的校长和院士注册。

[2]我的同事戴维·夏皮罗发明了这个游戏。如需更多这样的练习和活动，参见 David Shapiro, *Plato Was Wrong! Footnotes on Doing Philosophy with Young People*(Lanham，MD：Rowman & Littlefield Education，2012)。

[3]Nick Bostrom, "*Are You Living in a Computer Simulation?*," in *Philosophical Quarterly* 53，no. 211(2003)：pp. 243-255.

[4] Robert Nozick, *Anarchy, State, and Utopia* (New York：Basic Books，1974)，p. 43.

[5]Nozick，*Anarchy, State, and Utopia*，p. 43.

[6] J. K. Rowling, *Harry Potter and the Sorcerer's Stone* (New York：Scholastic Press，1997)，pp. 213-214.

第五章

道德与如何生活：关于伦理学的思考

在真正懂得何为善良之前

你必将失去一些东西，

必将体会此种痛苦：美好未来仿佛是

撒入汤中的盐那样在瞬间消散。

那些你紧握在手中的，

那些你倍加重视、细心呵护的，

只有在你失去所有这些之时，

才能明白

善良所不及的地方，

是何等荒凉的景象。

若你坐在一辆永不达目的地的公共汽车上，

汽车飞驰，

周围的乘客冷漠地吃着玉米和炸鸡，

而你只能永远地凝视着窗外。

这是何等的孤独。

在懂得那温柔而庄重的力量之前，

你必须旅经印第安人陈尸的地方，

他们的尸体被白布包裹着放在路旁。

你必须明白，你也可能是这些逝者中的一员，

而这些逝者，也都曾经是一个个活生生的人，

一个个带着生存的渴望，

在夜里喘息着的，穿行着的人。

善良存在于每个人内心最深处，

在体会到这个事实之前，

你必须明白悲悯同样是一种存在于我们内心深处的情感。

你应心怀悲悯地醒来，

不停地与它对话，

直到你的声音捕捉到那由悲悯织成的丝线，

这样，你才得以明白这种情感的全部。

从此以后，只有善良才有意义，

只有善良才能帮你系紧鞋带，

让你走向寄信件和买面包的美好生活日常。

只有善良在人潮拥挤的世界中抬起头迈步向前，

大声宣告：你一直寻找的是我。

然后一直伴你左右，

好朋友般，如影随形。

——摘自：娜奥米·谢哈布·奈（Naomi Shihab Nye）
《善良》（"Kindness"）[1]

80

为什么我应该是个好人？

幸福很重要吗？什么是幸福？

我如何在困境中决定什么是要做的正确的事情？

世界上是否有一套适用于所有人的道德标准？

过好的生活意味着什么？

什么是友谊？

如果能够帮助许多其他人，是否允许牺牲一个人？

什么是宽恕？

你孩子的朋友告诉你的孩子，他的父母虐待他，但他不想让任何人知道，因为这可能会导致他与兄弟姐妹分开并被送到寄养中心。你的孩子不知道该做些什么来帮助朋友。或者你的孩子注意到朋友正在从学校的失物招领处偷衣服，而他不确定是否应该告诉别人。

儿童一直面临着复杂的道德困境。与他们谈论道德哲学，有助于他们认识到其面临的困境何时涉及道德问题。我们怎么知道某事是否有道德问题？什么使选择成为道德问题？道德问题往往是指使我们考虑一种行为是否正确，或者考虑善恶的关系，以及分析我们的行为对他人和我们自己的影响的问题。例如，选择香草冰激凌或巧克力冰激凌不是一个道德问题，而是一个关于味道或心情的问题。然而，如果答案基于冰激凌公司员工的待遇，那么这个问题可能会成为道德问题。

我们的道德判断基于什么？成年人和儿童经常说"他是个好人"或者"谎言（或偷窃或谋杀）是错误的"等。我们通常重复自己学到的道德规则，却没有真正理解为什么它们是规则，又是什么使这些规则合理化的。当我们仔细审视这些规则时，部分规则可能看起来意义不大，或者不一致。儿童勇于指出他们看到的道德上的不一致（"如果说谎是错误的，那么当你真的不想去参加派对的时候，你可以说你感觉不舒服吗，这样就不会伤害别人的感情？"）。在某些情况下，我们发现有一些道德规则适用，并且它们之间存在冲突。

我们能给儿童什么工具，使他们能够就自己在生活中所面临的道德问题得出自己的结论？在很多情况下，我们有必要告诉孩子，"这是错的"，这对帮助我们的孩子学会如何自己分析道德问题也是至关重要的。但是，他们在生活中遇到的许多问题，不是通过参照规则就能轻易解决的。

评估道德问题有许多可能性的方法。大多数时候，人们倾向于通过一个特定的视角来看待道德问题。例如，一个人的道德观点可能基于规则，专注于特定的道德选择的可能后果，或者源于个人的直觉或良知。以下是哲学家倡导的一些评估道德问题的方法。

考虑是否存在可能被某一特定行为违背的规则（如不撒谎）。

评估可能性选择的潜在后果，并选择那个能最大限度地提高受影响者幸福感的选项。

询问什么选择最适合群体的健康和福利。

如果群体中的每个人都知道你过去做了什么，想想你现在该如何表现。

想象一下，你所认识的最善良的人在这种情况下会做些什么。

要意识到你的直觉或良心所建议的选择是正确的。

设想如果每个人都按照你考虑的方式行事会发生什么。

确定选择与自己的长期目标、生活计划最相符的标准。

因为我们通常只从一个或两个角度来看待道德问题，所以我们需要从更广泛的角度思考道德问题，以此来扩展我们的道德领域，让我们看到新的选择，并重新审视我们自己的观点。

三个问题

在所有或大多数情况下是否有正确的行为方式？如果有，我们能够知道是什么吗？这些是任何大学介绍性伦理学课程的标准问题。这些问题通常是通过研究一些著名的哲学家（如亚里士多德、康德、约翰·斯图尔特·密尔、休谟）对其是怎么看待的，来进行分析的。

或者像琼·穆特(Jon Muth)在《尼古拉的三个问题》(*The Three Questions*)中讲述的故事，让我们通过与别人的经历进行对话交流来富有想象力地探究这些问题。这个故事以一种有吸引力的并且合理的方式提出了关于道德的一般问题。通过简单的语言和精美的插图，穆特对列夫·托尔斯泰的短篇小说《三个问题》("The Three Questions")进行了改编。穆特改编而成的《尼古拉的三个问题》讲述了年轻男孩儿尼古拉(Nikolai)寻求对其生活的道德维度的理解的故事。

在《尼古拉的三个问题》中，尼古拉请他的朋友帮助他找到如下三个问题的答案，他认为这对他了解正确的行为方式是十分重要的。

什么时候是做事的最佳时机？

谁是最重要的人物？

什么是正确的事情？

尼古拉为了寻求答案，他向那些他认定的比他自己更聪明的人寻求帮助。这些人帮助尼古拉判定，生活的意义在于我们形成的关系以及我们对待他人的方式。尼古拉得出结论：这些回答并不清晰，缺乏对他的经历的了解。

这个故事提出了一些关于哲学思考，特别是伦理学思考之本质的有趣的哲学问题。阅读故事后，问你的孩子如下问题：你怎么看待尼古拉的问题？你认为它们是生活中最重要的问题吗？你认为我们对这些问题的看法会随着时间和经验的变化而变化吗，应该变化吗？每个人生活中最重要的问题都是一样的吗？当我们面临艰难抉择时，我们如何知道要做正确的事情？

尼古拉是我们遇到的有同情心的人，在某种意义上，他的探索正变成我们自己的。通过他的经验，儿童可以开始想象他们如何寻找自己重要问题的答案。我一直要求孩子列出最重要问题的清单，其中包括以下内容："世界为什么存在？""人们为什么要战斗？""哪里是无穷的尽头？""真实生活是梦吗？""世界上只有我一个人吗？""为什么我们不得不死？""怎样做才是正确的？""为什么我在这里？""什么是好的生活？""我应该为我的生活做些什么？"

《尼古拉的三个问题》这本书提到了如下问题：我们是否能够理解生活的意义？通过抽象地思考上述问题（也就是基于理论或理智的观念审视上述问题），我们想如何生活？自我理解是否需要通过与他人建立关系、经历经验以及变得更加成熟这三方面来实现？涉及他人的道德决定、我们的行为对他人的影响方式以及我们的关系和情感反应，都是我们道德生活的一部分。我们如何以一致的、合理的方式做出道德决定，并考虑到我们对生活中人们的同情和承诺？

为什么我们是好的

84

当我做正确的事情时，我感到快乐。

——艾玛（Emma，10 岁）

在柏拉图的《理想国》中发现的《古阿斯的戒指》，是一个具有煽动性的故事，可以被用来与你的孩子一起思考人们处理道德问题的方式。我发现这是与 6 岁及以上儿童的揭幕战。你可以从叙述故事开始。

古阿斯（Gyges）是一个牧羊人，在当时吕底亚（Lydia）的统治者手下当差。有一天暴风雨停止之后，接着又发生了地震。在古阿斯放羊的地方，地壳裂开了，出现了一道深渊。他虽然感到震惊，但还是走了下去。故事是这样说的：他在那里面看到许多新奇的玩意儿，最特别的是一匹空心的铜马，马身上还有个小窗户。他偷眼一瞧，只见里面有一具尸首，个头比一般人大，除了手上戴着一枚金戒指，身上啥也没有。他把金戒指取下来就出来了。

牧羊人之间有个规矩，每个月要开一次会，然后把羊群的情况向国王报告。他戴着金戒指就去开会了。他跟大伙儿坐在一起，谁知他碰巧把戒指上的宝石朝自己的手心一转。这下，别人都看不见他了，都当他已经走了。他自己也莫名其妙，无意之间把宝石朝外一转，别人又看见他了。这以后他一再试验，看自己到底有没有这个隐身的本领。果然百试百灵，只要宝石朝里一转，别人就看不见他；朝外一转，就看得见他了。

他对此有了把握后，就想方设法谋到一个职位，当上了国王的使臣。到了国王身边，他就勾引了王后，跟她同谋，杀掉了国王，夺取了王位。①[2]

在《理想国》中，这个故事由格劳孔（Glaucon）在与苏格拉底谈话时讲述。格劳孔让苏格拉底想象有两只这样的戒指，一个给正义的人，一个给不正义的人。格劳孔认为这两者在行为表现上将不会有什么不同。他声称，人们只会在道义上行事，他们害怕因行为不端而被抓住。

讲述这个故事后，问你的孩子这样的问题：如果你有一个可以让你隐身的戒指，你会怎么办？在我最近教的班上，一些五年级学生想出了以下答案。

> 把它当玩具一样使用。
>
> 捉弄人。
>
> 打击犯罪。
>
> 玩捉迷藏。
>
> 在网络平台上卖了它。
>
> 当我姐姐讨厌我时用它帮助我消失。
>
> 把它放在我的小狗身上。
>
> 逃课。

仅仅有一名学生说："我希望我没有发现它，因为我不需要它，并且我不想要它。"

---

① 此处翻译参照[古希腊]柏拉图：《理想国》，郭斌和、张竹明译，47 页，北京，商务印书馆，1986。——译者注

你可能会问孩子他是否会被拥有这个戒指吓到。有没有理由不使用它？如果我们都有一个古阿斯的戒指，会发生什么？你认为格劳孔是对的吗？我们是好人，仅仅是因为我们害怕被抓住吗？人们想要成为好人，是因为只有好人才能获益，如父母的认可或其他的奖励？什么是"道德良好"的人？

几年前，在八年级的课堂上讨论这个问题的时候，大多数学生声称，如果确信不会给自己带来任何负面后果，一些人可能会去做他们原本不会做的事情，但是仍然有大多数人不会这么做。一名学生指出，无论如何，她永远不会杀人，因为她的"良知不会让"她这样做。例如，其他学生提到禁止杀人、禁止偷窃的规则，并表示对这些规则的相信是根深蒂固的，以至于他们无法想象去违反这些规则。无论在什么情况下，这是真的吗？

给儿童提供实情实景有助于他们思考。这有一个例子，在一个女孩儿 10 岁生日的时候，她和父亲一起去狂欢节。父亲向她保证她可以选择任何 5 种游乐设施。但是当他们走到入场处时，他发现自己忘记带钱包了。这是狂欢节的最后一天，并且如果回家取钱的话会因距离太远而不能在结束之前返回。他数了数口袋里的零钱，并告诉他的女儿，他有足够的钱来支付入场费，他们可以进里面看所有的展品和游行，但是没有钱玩游乐设施。或者她可以谎报她的年龄，自称是 8 岁，以半价入场，这将为玩 5 种游乐设施留下足够的钱。他们走到门口，售票员问女孩儿："你几岁了？"

就这一点，你可以问你的孩子如下问题：她应该说什么？在这种情况下，你会怎么做？为什么？

有些儿童会平衡撒谎的收益与成本："我也许会被抓住，我可能会觉得有趣，但谎言的好处是我可以玩游乐设施，不然我不会撒谎。"其他人将会评估不付全价门票对狂欢节业主的影响。还有其他人会说，"我不会撒谎，因为撒谎是错误的"。所有这些反应可以让你和你的孩子一起检查他做出的选择，以及讨论为什么有些选择会比其他选择更好。

儿童有时会对这种情况不做任何回应，他们认为撒谎会让人感到不舒服。当被问及为什么时，有人宣称他们害怕被抓住。然而，许多儿童说："我只是觉得不好意思撒谎。当我说实话的时候，我感觉更好。"这可能会引出在柏拉图的《古阿斯的戒指》故事中关于现实本原问题的一个有趣的讨论：人们在行为上讲道德仅仅因为害怕被抓住还是因为想让人们认为他们是好人？

有时儿童会认为，道德上的行为能使人快乐，而不受外界的影响。换言之，即使没有人知道你已经做了一件好事，这样做也让你感觉很好。"所以以我们认为好的方式行事，这样我们就能自我感觉良好吗？"最近有个孩子这样问我。"如果真是这样，即使这样做不再让你感觉良好，你会停止做好事吗？"这个说法蕴含着一个关于道德行为之基础的复杂哲学问题。康德认为，如果我们做好事是因为它使我们幸福，那么最终我们的行为在道德上是不可靠的(与学生观察的方式大致相同)。然而，另一个孩子提出："如果做好事让你高兴，你是不是更愿意做好事呢？"

我们只关心自己的利益吗

随着孩子年龄的增长，通过阅读马克斯·苏萨克（Markus

Zusak)著的从"死神"视角进行故事讲述的获奖小说《偷书贼》（The Book Thief），就这些问题（以及许多其他问题）可以与孩子做进一步探究。在这本书中，死神描述了他在大屠杀期间的经历，特别讲述了住在慕尼黑附近的一个年轻女孩儿的故事。每年我都会和一群八年级学生读这本书。我们在一堂课中谈到为什么这个年轻女孩儿的家庭决定在地下室藏一个犹太人。其中一名学生提到这些人的勇气和无私。另一名学生评论说："实际上，我认为他们不是无私的。他们想要帮助这个犹太人。我认为任何人除了以能够使自己受益的方式行事外，不可能真的采取行动。"

我向学生指出心理利己主义的观点，即人们总是以自利为动机，即使其有时候表现出似乎非常无私的行为。换言之，我们做好事是因为这样使我们感觉良好；或者因为我们想被看作会这样做的好人，这使我们感觉良好；等等。

"你们怎么想?"我问。

学生对这种看法表示赞同。

尼克："仔细想想，大多数时候人们为别人做好事，他们真正想要的是让别人认为他们是好人。"

雷切尔（Rachel）："实际上，我们所做的一切是因为它以某种方式对我们有好处。"

我："那么母亲舍身救她的孩子呢？有什么办法可以让我们说她在造福自己？毕竟，她已经死了，无法得到任何好处。"

尼克："她可以这样做，因为她认为她要去天堂。"

我："我们假设她是一个不相信有天堂的人。"

杰茜卡："好吧，她可能认为，如果她的孩子死了，她没有救自己的孩子，她的生活将是悲惨的。在最后时刻，对她而言愉快的是，因为她知道她在拯救孩子的生命，这样做对她有好处。"

我们讨论小说中的人物，其中一些人不顾生计，冒着生命危险去帮助他人。我们真的可以称他们为自私自利的吗？收留了从纳粹手中逃出来的犹太男人的一家人和利用纳粹德国黑市获取利益的人之间，在自私自利方面难道没有一点儿不同吗？为什么有些人帮助别人，而另一些人却拒绝呢？人们在第二次世界大战期间有义务去帮助犹太人吗？我们可以说那些没有提供帮助的人存在道德错误吗？

柯尔斯滕（Kirsten）："但你不能评价别人的道德选择！每个人都有权做出自己的决定，你不能说这些决定是好的还是坏的。"

我："但有些决定是不是比其他的更好呢？例如，我沿着一个水没有到我腰深的池塘的边缘走着，然后看到一个学步的小孩儿溺水了。我决定不要把他从水里拉出来，因为我不想弄湿我的牛仔裤。你说我做了一个糟糕的道德决定难道不是正确的吗？"

大多数学生被这个例子吓坏了。

米基（Mickey）："你会是个可怕的人！当然，我们会说你做出了一个道德上错误的决定。"

柯尔斯滕："我认为不是这样。如果你救了孩子，我可以说你做了件好事，但我不能说你有义务这么做。"

许多学生不同意这一点，认为拯救孩子是一项道德义务。然而，他们发现，要说清楚这种道德义务从何而来，是否总是适用，这是很有挑战性的。有适用于每个人的道德标准吗？在与孩子溺水类似的情况下，什么使没救孩子成为道德上的错误呢？我们有义务帮助别人吗？这些义务对你的家人和朋友比对陌生人更重要吗？如何平衡我们对朋友和家人的同情与其他道德上的考虑？例如，如果你知道你的朋友在做你认为错误的事情，你有义务干预吗？我们对自己的义务和对他人的义务之间恰当的平衡是什么？我们能依靠自己的良知和利他本能来做出正确的道德决定吗？

平衡我们的义务和同情心

在这样的讨论中，我为年龄较大的孩子提供了如下实例：你有一个朋友入室抢劫，并用由此得来的钱买了他想要但买不起的东西。你担心他，同时对被抢劫的人感到抱歉，并试图决定要做什么。你应该告诉别人吗？

青少年几乎总是以广泛的方式非常强烈地感受到这种情况。几年前，一名学生说，无论怎样，"你不要辜负你的朋友"。另一名学生则认为，你也有义务帮助被抢劫的人。后者提出疑问：如果没人帮助他人，社区将会变成什么样子呢？其他学生认为你需要看看如果你告诉了别人将会发生什么：一方面，你的朋友会被关进少年监狱，你们的友谊会结束，并且其他学生会不喜欢你——因为你揭发了你的朋友；另一方面，人们不再被抢劫，你可能会感到如释重负。

这些思考转化为哲学家在评估道德问题时的各种观点。例如，当面对"我应不应该告诉老师我的朋友在考试中作弊"这个问题时，你的孩子可能考虑关于作弊、告发朋友这二者的道德规范，平衡告诉与不告诉这二者可能带来的后果，考察他的良知或直觉带来什么，期望他的榜样来评估他可能做什么。这种扩展的观点扩大了道德世界，并可以给予儿童一系列理性思考的机会，使其评估可能的选择。

89　　在许多情况下（如孩子溺水），我们必须迅速做出道德选择，没有太多的时间来反思。在思考道德问题和努力理解我们自己的道德责任的时候，我们的实践越多，我们就越有可能在快速变化的情况下做出正确的选择。例如，对那些在大屠杀中帮助、营救犹太人的人所做的采访，使我们发现，他们坚信个人行为的重要性；他们也倾向于说，他们自己的道德方法早在他们面对是否救人的选择之前就已经发展起来了。

在这样的讨论中经常出现的一个话题是道德相对主义。特别是青少年经常会说："在我们的文化中，偷窃是不行的。但是可能会有一种不同的文化，即偷窃是被允许的，所以在这种文化中偷窃不会是道德上的错误。"或者说："我不会作弊，因为我认为这是错误的，但作弊可能对你来说是可以的。这仅仅取决于你的观点。"作为回应，你可以这样说："好吧，如果你的男朋友/女朋友在欺骗你，那没关系，因为在他/她看来，这不是错的？"这常常引起强烈的反应！

道德规则从何而来

如果道德规则不仅仅取决于每个人的意见或者文化标准的反映，那么它们的基础是什么呢？例如，我们可能都同意，为了好玩儿而杀人在道德上是错误的。这个规则来自哪里？这是否源于一种信念，即每个人的生命都有价值，因此我们在道德上有义务避免不必要地伤害他人？或者说，规则是否从想象中来，如果没有这样的规则存在，社会会是怎样的呢？还是说，是上帝赋予了我们道德规则？如果是这样，为什么上帝需要我们遵守这些规则呢？

道德规范是否来自上帝？如果来自上帝，这对我们的道德生活意味着什么？这些问题存在于哲学家基于柏拉图的《游叙弗伦》（*Euthyphro*）所称的"游叙弗伦困境"中。在《游叙弗伦》中，游叙弗伦对他的父亲提起法律诉讼，指控后者"不虔诚"，苏格拉底则指出，自游叙弗伦提起这一诉讼以来，他一定很确定他知道虔诚或神圣的意义。当游叙弗伦试图解释他对神圣的定义时，他一度表示是上帝的爱。苏格拉底问："神圣被上帝所爱是因为神圣本身吗，或者因为上帝爱它，所以它才神圣？"

这已经成为游叙弗伦困境：一件事表现出正确性是因为上帝

下了命令；还是因为这件事本身是正确的，所以上帝才命令我们去做？如果是前者，那么正确便可以是上帝的任何命令（正如加雷斯·马修斯提出的"神圣想法"问题[3]）。如果是后者，那么似乎上帝受到道德规则的束缚，而道德规则没有上帝也可以生存，所以上帝在道德上的地位是什么呢？

如果我们认为道德规则不是来自上帝，或者我们不确定所有的道德规则都是这样，那么它们是否需要理性呢？它们是否因为人们必须在社会中共同生活而发展？还是说，它们源于我们对想要成为的那种人的直观感觉呢？我们如何发展这样的感觉？我们认为有道德地生活有利于建立一个更加公正、稳定、快乐的社会吗？是我们行为的潜在后果决定了其在道德上的正确性吗？

后果最重要吗

许多道德上的困境涉及平衡潜在的利益与可能由某一决定造成的伤害。哲学家称之为结果主义：它认为人们应该看一下特定行动在决定做正确的事情中可能产生的结果。结果主义的一种强大形式是功利主义，约翰·斯图尔特·密尔清楚地表达了这一观点。他认为，正确的行为是可以通过评估其对整体幸福的贡献来被决定的。如果一种行为可能给更多人带来最大的幸福或快乐，那么这是正确的。

对青少年来说，厄休拉·勒吉恩(Ursula LeGuin)写的《离开奥玛拉斯的人》("The Ones Who Walk Away from Omelas")是一篇强有力的短篇故事。它通过阐明如果一个人的痛苦能够带来更大的好处，那么他的痛苦是否被允许的问题，提出了关于功利主义伦理学的问题。这个极具震撼力的故事发生在一个充满快乐、看似完美的城市，那里没有饥饿、贫穷、暴力和无聊。各式共同体的存在使得公民生活美满，体验着和平与幸福。

但在这座城市中，有一个上了锁的地下室，面积不大，里面关着一个 10 岁左右的孩子，他赤身裸体、孤孤单单。除了偶尔有人踢他使他让开，然后迅速把碗装满水和食物，没有其他人来到这里。勒吉恩写道："孩子不是一直住在这里，他能记住阳光和母亲的声音，有时他会说话。'我会很好，'他说，'请让我出去，我会很好！'他从来没有得到回应。孩子以前经常在夜里尖叫求助并哭泣，但现在只是发出呜咽声，并且讲话越来越少。"

奥玛拉斯的孩子了解这个孩子在青春期时的生存状况。他们也知道，当下完美社会的存在取决于这个孩子的痛苦。他们中的一些人想帮助这个孩子，但他们明白，这样做会立即摧毁城市的美丽、和平和快乐。勒吉恩告诉我们，那些是绝对要遵守的准则。

通常我会和学生一起阅读这个故事（不是很长）。你和你的孩 *91* 子也可以一起阅读。然后你可以问你的孩子，如果他住在奥玛拉斯，并且被告知有关地下室孩子的故事，他会做什么。许多年轻人立即表示，他们会离开这个城市，因为在知道他们的快乐取决于如此可怕的痛苦之后，他们无法生活。另一些人则说，虽然这对孩子来说是一种可怕的处境，但是帮助他会更糟糕，因为这会破坏其他所有人的快乐，而离开意味着离开他们所爱的每一个人和一切美好事物。

把那个孩子留在那里是对的吗？为什么是或者为什么不是？

如果知道这样做会使成千上万的人的生活更加悲惨，那么归还那个孩子自由是对的吗？用一个无辜的孩子的生命去解放充满暴力和贫穷的社会是否值得？

学生经常会问："我们现在不是把幸福建立在别人的痛苦上吗？我们的社会就像奥玛拉斯那样，不是吗？"例如，他们指出的事实是，我们购买的许多产品都是由其他国家的工人在恶劣的工作条件下生产出来的。这可能是一次与青少年进行的非常激动人心的讨论。我们的幸福是否取决于他人的痛苦？没有别人的不开心，我们可以快乐吗？

什么是幸福

幸福的本质似乎是道德的核心。我们渴望过有意义的生活，孩子常常会说想要幸福的生活。但什么是幸福？

你可以与你的孩子做一个练习，这个练习由我改编自戴维·怀特（David White）的《儿童哲学》（*Philosophy for Kids：40 Fun Questions That Help You Wonder about Everything*）。[4] 请你的孩子根据他所认为的幸福元素的重要程度来对以下八项活动进行排列序。

与朋友玩乐。

阅读一本书。

玩游戏。

谈论想法。

坐在牙医的椅子上。

吃最喜欢的食物。

帮助同学做家庭作业。

思考。

　　大多数孩子倾向于把与朋友玩乐、帮助同学、吃最喜欢的食物之类的活动列为最重要的幸福元素。他们通常把坐在牙医的椅子上列为最不重要的幸福元素。

　　然后，你可以问孩子如下问题：为什么你认为名单上的一些92活动对幸福尤为重要？这些活动让你感觉好吗？那是幸福吗？幸福是一种感觉，还是涉及一些活动？你能幸福一分钟，接下来就不幸福吗？幸福是一种持久的体验吗？

　　去年在五年级的课堂上，我问学生为什么列表中的这些活动对幸福来说是很重要的。大多数人同意这些活动是有趣的，或使他们感觉良好。

　　我："所以幸福和快乐是一回事吗？"

　　塔妮娅（Tania）："我认为它们是两个不同的东西。你可以玩得开心，你正在做的事情可以给你带来快乐，但其中并无幸福可言。"

　　我："有人可以举个例子吗？"

　　艾玛："玩儿电子游戏让我高兴，但对幸福来说它并不重要。"

　　马库斯："为什么不重要呢？"

艾玛："电子游戏很有趣，当你玩儿时，你会感到高兴。但是当你玩儿完的时候，你就不开心了。有时你头痛，感觉比你玩儿之前更糟糕，即使你在玩儿时很喜欢它。"

凯特琳（Katelyn）："我觉得快乐是幸福的一部分，但如果没有它，你也可以是幸福的。有时我感到幸福，但没有体会到乐趣或没有感觉到快乐。"

我们开始谈论坐在牙医椅子上的活动，它在大多数学生那里排名都很低。不过有些学生认为这对幸福很重要，而他们给出的原因包括：在椅子上玩乐，享受牙医诊室里欢乐的气氛。

我："还有其他原因使坐在牙医椅子上的活动可能对幸福很重要吗？"

克里斯蒂娜（Christina）："我没有把它排在第八位，因为去看牙医只是为了保持我们的牙齿的形状和口腔健康而做的事情。这不是令人快乐的，我不喜欢它，但是使我们的口腔健康这对幸福是很重要的。实际上，坐在牙医的椅子上是必不可少的。"

乔（Joe）："但是如果不让你感到快乐，那它怎么会带来幸福呢？"

我："你觉得幸福是一种感觉吗？"

乔："是的。我猜是这样。我的意思是说我感到高兴。"

克里斯蒂娜："我觉得幸福不同于感到快乐。当我们说我们感到快乐时，我认为这和我们说感到愉悦意思是一样的。

但幸福并不是一种真正的感觉，它更像是我们存在的一种状态。"

杰克："我觉得幸福既是一种思考又是一种感觉。你怎么看待正在发生的事情，是幸福的一部分。所以也许两者兼备就是幸福，也就是说，你有幸福的感觉，也知道将要发生的事情是好事。"

罗伯特："我想知道是否有真正的幸福，还是仅仅有满意？满意与幸福有什么区别？"

塔妮娅："我喜欢'幸福是你所处的一种状态'这个想法。这更关乎你的一生。也许你真的不知道你是否已经拥有幸福很久了。"

我们谈到了 *eudamonia*——古希腊文中的幸福，以及克里斯蒂娜提出的想法——也许幸福不是一种感觉，而是指我们的生活状态。我告诉学生，古希腊哲学家亚里士多德把幸福的概念发展成类似自我实现的概念：过你能过的最好的生活，成为你能成为的最好的人。

彼得："所以，如果你是一个国王，并且你是一个伟大的国王，为你的王国做好事，对你来说那就是幸福。"

阿什利："对我来说，笑对幸福很重要。所以，笑是我能过的最美好生活的重要组成部分，也许我的大部分幸福都和笑有关。"

　　讨论开始于大多数学生把幸福等同于快乐。然而，在谈话过程中，他们反映出幸福不仅仅是快乐，也就是说，幸福可能与我们的生活状态更加相关，而非在任何特定时刻的感受；他们认为，思考和感受都与幸福有关。从基于当下的乐趣（在初始列表上的活动，如与朋友玩乐或者玩儿游戏）的角度理解幸福，到形成更长期、更全面的幸福观念，这种转变让儿童对建立充实生活所涉及的多层面特征有了深入认识。

友　谊

　　儿童经常提到交朋友对幸福至关重要。我发现关于友谊本质的问题对儿童来说非常有趣。从学龄期到青年期，年轻人学习交朋友和维持友谊，了解什么让人成为好朋友以及交朋友的重要性。当然，对青少年来说，朋友会成为他们生活中最重要的人。

　　威廉·史塔格（William Steig）的《真正的贼》（*The Real Thief*）是一个讨论友谊及其义务的动人故事。这本书章节简短，你可以花几个晚上自己阅读或与你的孩子一起阅读。这是一个关于一只名叫加文（Gawain）的鹅的故事。他是皇家财政部的首席警卫。当皇家宝库的珠宝失踪时，加文被指责。

　　总理是一只名叫阿德里安（Adrian）的猫，他做了如下论证：因为(1)进入皇家财政部的唯一办法是通过门，(2)锁没有被破坏，(3)只有加文和国王有钥匙，(4)国王没有理由抢夺自己的财宝，(5)国王对尘世的任何事都是错误的，"这是不可想象的"，所以珠宝失踪一定与加文有关。你可以和你的孩子一起分析这个论证的逻辑。通过五点原因就可以得出结论吗？为什么可以？为什么不可以？

加文被判犯有盗窃罪，并在判刑后逃脱。然后，视线转移到加文的朋友身上，名叫德里克（Derek）的老鼠。他是真正的小偷，并且在加文被指责时一直保持沉默。这个故事引出了关于信任、宽恕、友谊和忠诚的问题，还有逻辑和推理。德里克应该怎么做？为什么他保持沉默？德里克是加文的好朋友吗？德里克会因为他的所作所为而受到惩罚吗？国王呢，他对加文有义务吗，有什么义务呢？国王和法院是不公正的吗？加文应该原谅国王和其他人吗？

你可以提供一个具体的场景来激发关于这些问题的对话，例如说："让我们假设你计划和一个不太受欢迎的朋友聚会。你恰巧遇到另一个朋友，而这个朋友比较受欢迎。他邀请你和其他人去看电影。那是你真的想看的一部电影，并且将在影院做最后一天的上映。但他们说不受欢迎的那个朋友不能参加。怎样做是正确的，为什么？"这个困境通常会给儿童带来多个问题，包括关于尊重承诺的道德问题，我们对朋友有什么义务，你是否对某些朋友（如那些几乎没有其他朋友的人）有特殊义务，你是否可以有很多朋友并且是所有朋友的好朋友等。

　　我想你必须平衡它将造成的影响，即重新安排与第一个朋友的计划；以及如果你不去看你真正想要看的电影，你会感到失望。如果你去看电影真的让你的第一个朋友感到烦扰的话，你不应该去看电影。就像他家里发生了什么事情，他真的想和你在一起。但是，如果事情不是那么重要，而且你真的想去看电影，只要你告诉他真相，我觉得没关系。

——达米安（Damien，11 岁）

有些儿童认为你必须永远尊重你的第一个承诺。另一些儿童认为，只要你和你的朋友取消了原来的计划，去看电影是可行的。多年来，很多学生都在谈论"受欢迎"的人群，并声称拥有很多朋友的人往往不是特别忠诚的，也不是好朋友。受欢迎和有朋友有什么区别？你可以有很多朋友吗？这个对话可以引导我们探究当我们说某人是朋友时，我们真正的意思是什么。

你可以问你的孩子如下问题：你认为谁是你真正的好朋友，为什么他们是你的朋友？你是否必须非常了解一个人，才算作他的朋友？你可以和一个只认识一小时的人做朋友吗，建立友谊需要更长的时间吗？如果某人是你的朋友，后来不再是你的朋友了，那么这个人是真正的朋友吗？需要做什么才能成为好朋友？

儿童的友谊是复杂的，他们的动力在很大程度上是成年人无法企及的。儿童发展他们自己的社会结构和关于友谊的规则，他们的友谊对他们来说是至关重要的。一些研究人员提出，儿童的友谊会影响他们的道德情感。[5]我们认为友谊有助于儿童培养同情心以及对他人的想法和感觉的敏感性。孩子形成牢固的友谊对我们这些做父母的人来说是重要的，因为我们知道朋友对我们有多重要。我们要鼓励孩子批判地思考友谊的本质，因为这将有助于他们就谁是朋友做出正确的判断，处理与朋友之间的冲突，以及理解友谊在他们生活中的作用。

欺凌和作为旁观者

当一个朋友以你认为错误的方式行事时，你会做什么？埃莉
诺·埃斯特斯的《一百条裙子》(*The Hundred Dresses*)(1944)是另
一本很容易激发对这个话题的讨论的书。这本书章节简短，你可
以在一段时间内读给孩子或与孩子一起阅读，并与孩子在路上谈
论它。

这本书讲述的是一个名叫旺达·佩特罗斯基(Wanda Petron-
ski)的年轻的波兰移民的故事。旺达和她的父亲、弟弟住在一个小
镇上，她没有朋友。她每天都穿着同样的衣服上学。有一天，她
告诉一群一直羡慕另一个女孩儿的新衣服的学生，她家里有一百
条裙子。这是"百条裙子游戏"的开始。此后每天都有一群女孩儿
问旺达她有多少条裙子(还有帽子和鞋子)，然后嘲笑她的答案。

这个故事是从玛蒂埃(Maddie)的角度讲述的。玛蒂埃是戏弄
团队中的一个女孩儿，她对于正在发生的事情感到不安，但从来
没有说过什么。玛蒂埃最好的朋友佩琪(Peggy)是这个游戏中的头
目之一。佩琪被塑造为一个"不是真的残忍"的人。她保护小孩子
不受欺负。当动物受伤时，她会哭。并且，她惊讶地发现自己对
待旺达的态度是卑鄙的。这个故事生动地描绘了人在参与或者见
证其感觉在道德上有问题的事情，但是不想冒着损坏自己的友谊
和声誉的风险毫无顾忌地说出来时，所具有的矛盾心情。

阅读这本书的前几章后，问你的孩子如下问题：你认为旺达
为什么没有朋友？为什么旺达说她家里有一百条裙子？她在撒谎

吗？撒谎和讲故事是一回事吗？"百条裙子游戏"是治疗旺达的残酷方式吗？为什么对旺达的团体治疗困扰到玛蒂埃？旺达与其他女孩儿不同吗？如果是，怎么不同呢？

在第3～5章中，玛蒂埃开始对"百条裙子游戏"感到不舒服，并开始考虑和佩琪讨论停止游戏。玛蒂埃想象，她可能会成为佩琪和其他女孩儿的攻击目标，他们会取笑她经常穿佩琪的旧衣服。所以她什么也没说。一天早上，这所学校里摆满了旺达为参加学校绘画比赛而创作的画有美丽的连衣裙的图画。但旺达不在学校里，她离开了。她的父亲给老师寄了一封信说，家人在大城市里生活会比较舒服，"不用再被问为什么名字会这么有趣，大城市里有很多有趣的名字"。

阅读完这几章后，你可以与你的孩子讨论以下问题：玛蒂埃是懦夫吗？为什么玛蒂埃不敢和佩琪讲，佩琪对旺达的取笑让她感到不舒服？为什么玛蒂埃没有做任何事情，她的沉默是受什么影响的呢？你认为佩琪和玛蒂埃看到旺达的画时感觉如何？为什么旺达要搬走？佩琪和玛蒂埃是朋友吗？什么是朋友？什么让人们成为朋友？

旺达赢得了绘画比赛，尽管她获奖后已不在那里。玛蒂埃和佩琪决定给她写一封友好的信，没有提到那个游戏，也没有道歉。在最后的章节中，玛蒂埃反思，在佩琪戏弄旺达的时候她默默站在一旁比佩琪的戏弄更糟糕。她认为她是一个懦夫，因为她知道戏弄旺达是错的，但没有做任何事情来阻止它。她告诉自己，没有什么会再让她觉得好了。因为她一直知道，是自己使旺达离开了。她决心再也不做一个旁观者了。

在这本书的结尾，佩琪说，关于百条裙子的戏弄大概给旺达绘画提供了好的想法，否则也许她不会赢得绘画比赛。问你的孩子如下问题：你认为这是有道理的，还是佩琪为自己的行为找借口，为什么？你觉得她对发生了什么感到困扰吗？你也可以问孩子如下问题：写信给旺达是不是正确的做法，还是最好写一封真正的道歉信？玛蒂埃永远不再袖手旁观，永远不会不说什么，是一个好的规则吗？大多数人会袖手旁观，什么也不说吗？为什么会或者为什么不会？

《一百条裙子》的故事说明了儿童面临的共同问题：当另一个孩子被你的朋友或熟人虐待时，正确的做法是什么？你应该试着帮助被欺负的孩子吗？还是应该随大流，这样就不会引起别人的注意，使自己成为可能的目标？当你所认为的错误的事情发生时，你有什么义务说出来呢？

在过去 6 年里，我教了一系列名为"道德哲学与种族灭绝"的八年级课程，这是由中学的英语老师和历史老师与我共同开发的跨学科单元的一部分。该单元包括道德哲学和文学两部分，旨在帮助学生思考由大屠杀和其他种族灭绝带来的难题。我们探讨冷漠的意义，以及它是否在道德上是错误的。我们的讨论涉及与学生生活相关的问题，包括同辈压力、欺凌、旁观者行为以及学生的权利等。

我用《分裂的课堂》(A Class Divided)这部发人深省的电影开始了这个单元，我和学生一起观看影片。它为讨论人们如何将自己划分为"我们"群体和"他们"群体打开了大门。

1968 年，当马丁·路德·金被暗杀时，美国艾奥瓦州的三年 *98*

级老师简·埃利奥特(Jane Elliott)决定在她的课堂上开展一项练习，帮助学生了解种族主义和歧视。她将班级学生划分为有棕色眼睛的学生和有蓝色眼睛的学生，然后，她用一天时间歧视有棕色眼睛的学生，另一天歧视有蓝色眼睛的学生，并鼓励学生互相歧视。1970年，这项练习被拍摄，进而被制作成电影。14年后，电影中的学生重聚在一起观看这部电影，并讨论这项练习对他们生活的影响。

今天看这部电影，令人惊讶的是，当年那些在一天中被贴上"优等群体标签"的学生很快就开始歧视他们的同辈群体。在很短的时间里，简·埃利奥特在她的班上创造了一个巨大的鸿沟。这项练习强有力地证明了"我们"与"他们"相对抗的心态对群体的影响。

这部电影对青少年总是很有吸引力的。在看完之后，谈谈电影使你的孩子惊讶的主题，即对人类而言歧视是自然的吗，人类何时接受歧视，何时不接受，以及群体的本质。一般来说，青少年对三年级学生开始歧视同辈群体的速度感到惊讶，毕竟这些人在1小时前还互为最亲密的朋友。在一节课上，一名学生说，她认为这项练习应该在中学进行。

杰奎琳(Jacqueline)："我认为我们的学校里没有真正的种族主义者。我不确定我们需要这个练习。"

迪伦："我不同意。我认为这里有很多种族主义，你需要做的是到大厅里去听一听。"

萨拉："现在不一样了。人们不会像40年前对待非裔美国人那样对待别人。"

帕特里克（Patrick）："我认为我们在这所学校里没有歧视。"

我："那么对待运动员与非运动员的方式如何呢？"

莫莉（Molly）："或者根据你来自哪个城镇，我们看待你的方式有所不同。"

克莉丝汀（Kristin）："我认为有各种各样的歧视。人们聚在一起，互相评价。就像在午餐室，你坐在哪里，和谁坐在一起，都会产生不同的影响。我认为人们思考的方式并没有真的发生很大的变化。"

在课程结束时，一名学生告诉我："我对这个单元印象最深刻 的是，在我们的讨论中，大家的意见是如何一致的，又是如何相互冲突的。它最终使我们成为一个更亲密的群体。"

对年轻人来说，重要的是认识到这种分歧不需要包含敌意，反而欣赏其他人的观点可以增强道德反思。鼓励儿童思考道德问题，不是让他们做我们认为正确的事情，而是帮助他们思考为什么某些事情是正确的或错误的以及在做出道德决定时应该考虑什么事项。为儿童提供关于道德行为和良好品格的规则与指导是有用的，但是许多艰难的道德决定不能简单地通过对规则或原则的应用来解决。为做好面对这样的决定的准备，年轻人需要理解他们的选择何时会引起困难的道德问题，并能够审慎地对待它们。我们希望我们的孩子能够成长为具有反思能力和敏感性的道德成年人。与他们讨论他们对道德问题的想法和看法将有助于实现这个目标。

与儿童讨论道德问题的三种方式

1. 阅读克劳迪娅·米尔斯(Claudia Mills)著的《向 O 先生致意》(*Standing Up to Mr. O*)(适合 10 岁及以上的儿童)。

在这部于 1998 年问世的面向年轻人的小说中,主角玛吉(Maggie)钦佩、喜欢她的生物老师,但她反对解剖,拒绝解剖蠕虫,向全班宣告杀戮是错误的。她的同学中一些人支持她,另一些人则反对她。她最好的朋友也同意她的观点,但是并不反抗老师。玛吉发现,她的原则立场使她以她后来质疑的方式采取行动。

这部小说富有哲理,是对年轻人如何应对道德困境的真实写照。它提出了关于持有一致观点的问题,关于我们如何决定道德规范何时适用、何时不适用的问题,以及关于忠诚、公平和友谊的问题。这部小说可以引发对如下方面的讨论:动物权利,朋友之间的关系,公平的本质,以及什么使得行为是对的或是错的。

2. 观看电影《爱与罪》(*Crimes and Misdemeanors*)(1989 年上映,评级为 PG -13)(适合大龄儿童)。

主演有马丁·兰多(Martin Landau)、伍迪·艾伦(Woody Allen)、安杰丽卡·休斯顿(Anjelica Huston)和艾伦·阿尔达(Alan Alda)。这部电影包含两个平行的故事:一个故事是,一个富有的医生雇人杀死他的情妇,因为情妇威胁要把他们的关系告诉他的妻子,并摧毁他的职业声誉;另一个故事涉及一个不成功的制片人，他在一段不幸福的婚姻中挣扎的同时，爱上了一个最终不可能得到的人。

这部电影探讨了上帝在建立道德规则方面的作用，涉及如下问题：我们是否生活在一个道德上有意义的宇宙中？如果以谎言和欺骗为基础，幸福的生活是否可能存在？

3. 阅读苏斯博士的《罗拉克斯》(*The Lorax*)（适合所有年龄段）。

这个故事是关于文斯勒(Once-ler)的。他搬进了罗拉克斯的社区，并开始砍松露树，以建立一个销售松露树丛制品的业务。这导致了对松露树的破坏，以及对熊、鹅和鱼的损害。

如下问题可能出现。

文斯勒需要为他的决定所导致的环境破坏负责吗？

文斯勒最终对他的行为感到遗憾这一事实能否使他成为一个更好的人？

那些曾经从事这项工作的文斯勒家庭的其他成员和所有购买这些制品的人呢？他们是否全部要为破坏松露树和周围的栖息地负责？

当我们购买东西的时候，我们有义务问它是怎么做的吗？

那个制品是否是"有用的"？

创造使人类生活更轻松、更愉快的事物和关注我们的生活环境，二者之间的平衡是什么？

对于环境和受人类决定影响的其他物种，我们有什么责任？

注　释

[1]此处引用于 2012 年得到了作者娜奥米·谢哈布·奈（Naomi Shihab Nye）的许可。

[2]这个版本的柏拉图的《古阿斯的戒指》故事改编自加雷斯·马修斯复述的故事（"A Philosophy Startup Kit for Schoolkids：Based on Texts of Plato," Philosophyforkids. com，November 2011）。

[3]对与儿童关于"游叙弗伦困境"的对话的有趣描述，请参阅加雷斯·马修斯的著作［*Children Philosophize Worldwide*，ed. Eva Marsal，Takara Dobashi，and Barbara Weber（Frankfurt：Peter Lang，2009），pp. 241-246］关于"神圣"的论述。

[4]David White，*Philosophy for Kids*：40 *Fun Questions That Help You Wonder about Everything*！（Austin，TX：Prufrock Press，2000）。

[5]例如，参见威廉·阿塞尼奥（William Arsenio）和伊丽莎白·勒梅里斯（Elizabeth Lemerise）的著作［*Emotions，Aggression，and Morality in Children：Bridging Development and Psychopathology*（Washington，DC：American Psychological Association，2010）］。

第六章

艺术与美：关于美学的思考

只看见美
具体可微，

在苹果树的冬枝上，
有光
闪闪发亮——
这却只是
从树上向树外看的
一个表象，
而在光线的背后
是一种
长时间的仔细的张望。

——摘自：美国女诗人简·赫什菲尔德(Jane Hirshfield)
《十月宫》(*The October Palace*)诗集中的《感知是一种专注》("Per-
ceptibility is a Kind of Attentiveness")[1]

什么是艺术？

艺术必须是美的吗？

美是什么？

美是主观的吗？

自然是一种艺术吗？

艺术和情感之间的关系是什么？

什么是创造力？

音乐必须是有声音的吗？

是什么造就了艺术家？

我们关于艺术与美的判断只是个人偏好的问题吗？

艺术作品必须代表艺术家所倾向的意思吗？

审美体验能让我们变成更好的人吗？

在解决问题的时候，我从不考虑"美"这个因素。我只考虑如何解决当下的问题。当我解决完问题时，如果发觉解决的办法不漂亮，那么我就知道问题还没有被真正解决掉。

——R. 巴克敏斯特·富勒（R. Buckminster Fuller）

"数字是美的，不是吗?"几年前的某一天戴维问我。

我们正第一百次看安野光雅(Mitsumasa Anno)的《安诺的计数书》(*Anno's Counting Book*)。从我的孩子上小学时起，我就经常和他们一起看这本书。这是我所见过的最复杂也最有趣的算数书。

第一页是一个空的画面，象征着零。这本书一个字都没有，但在每一页会增加相应的图画，以对应每一个连续的数字，并反映季节、时间，以及在自然和人类生活中的其他事件。每一页中的物体数量随着数字的增大而增加，精致的水粉画让读者看得更加仔细。这是一本有助于理解数学基础及后续更复杂概念的书，但它的独特之处在于对数字之美的召唤。

美学与数学

"你为什么说数字是美的?"我问戴维。

"它们太完美了，"他回答道，"数字的所有模式都让人着迷。"

"你的意思是什么?"

103

"我不知道。当你数 1 的时候，意味着每种东西只有一个。当你数 2 的时候，意味着每种东西有两个。这样每种东西的数量就翻倍了，整个事情就完全不同了。当你数到 4 的时候，这个翻倍的情况又发生了。"

"这是一件看起来很简单的事，但你越想就越觉得有趣，不是吗?"我回答道。

"对！我喜欢看这些图片，思考这些数字。"

"那么，你认为数字可以像艺术一样吗?"我问。

"我觉得可以。不过到底是什么让某些东西成为艺术的呢?"

"嗯，这本书是艺术吗?"

"是的，"戴维停顿了一下，"也许是。这些图片很漂亮。"

"那么，只要是漂亮的，就是艺术吗?"

"我不知道。我的意思是，我觉得有一些美丽的东西不是艺术。"

"比如说呢?"我问。

"比如鲜花和树木。"

"为什么鲜花和树木不能成为艺术呢?"

"我觉得，艺术必须是人制造的，"戴维回答道，"艺术不能是世界上原本已经存在的。"

"但是数字并不是人造的。那么数字还是艺术吗?"

"也许不是，但它们是美丽的。所以也许有些东西是美丽的，但不是艺术。"

"但艺术可以是不美丽的吗?"我想知道。

"我也不确定，妈妈。但是有这个可能。我的意思是，我觉得说唱(rap)就是不美丽的。但我要说，这是一种艺术。"

我喜欢戴维对美在数学中所扮演角色的理解，以及他对秩序、对称和平衡作为美的一些特征的认知。亚里士多德曾观察到，"数学学科尤为表现出秩序、对称性和局限性，而这些是美的最伟大的表现形式"[2]。思考数学和数字这二者的美可以提高儿童对数学意识，这是一种创造性的活动，其中的美和优雅同实用技术一样重要，例如数数能激发他们欣赏数学在艺术中的作用。和孩子一起玩儿拼图也能产生同样的作用，或者我们可以和孩子一起看看埃舍尔（Escher）的作品，看看用电脑生成的一些艺术品，然后大家讨论一下这些问题：如果没有数学，艺术还是否有可能是艺术？我们是否总能在视觉艺术中看到数学？在音乐中能看到吗？

关于美学的问题

当我开始和儿童谈论诸如音乐或艺术的本质之类的话题时，他们几乎总是充满热情的。许多儿童通过艺术来表达自己的想法，如绘画、舞蹈、演奏乐器。思考是什么造就了艺术，什么重要的东西让人成为艺术家。

此外，美学问题超越了对各种艺术形式的思考，包括了人类体验的所有艺术形式——涉及我们对事物的认知以及对我们自身的感官和情感的感知。美学涉及对如下方面的关注：我们生活中的美、丑、优雅、庸俗的意义，以及我们体验的其他特征的意义。美是一种我们能够感知到的特性，还是说我们可以通过感知物体的形状、颜色、声音等特征来判断其是否美丽？

美学包括艺术哲学，它考察了我们在创造艺术作品以及进行其他美学体验时的经验（例如，我们在数学方面的造诣，我们对自然的反应，我们对设计的反应，某些颜色对我们的影响）。反思这些问题，如美与丑的本质，以及我们的审美体验与情感之间的关系，可以帮助我们更好地认识和理解日常生活中我们对事物的感觉。

审美体验始于儿童时期，并贯穿整个人生。在树林里散步、吃一顿精心准备的饭菜、买衣服，都可以是审美活动，这取决于我们如何对待它们。是什么使体验成为审美的呢？我们又该如何培养辨别和欣赏生活的审美能力呢？

彼得·雷诺兹(Peter Reynolds)的绘本《像》(*Ish*)讲述了拉蒙(Ramon)的故事。拉蒙喜欢画画，并且总是在画画。有一天，他的哥哥嘲笑了他的一幅画。之后，拉蒙就开始费尽心思地使他的画"看起来很好"。他画完一幅画，就将其揉成团，然后重新画。最后，拉蒙决定再也不画画了。他的妹妹每次都会默默地捡起他皱巴巴的画，回到自己的房间，挂在墙上。有一天，拉蒙跟着妹妹来到她的房间，发现墙上都是被自己遗弃的画。妹妹指着其中一幅画说，这是她最喜欢的。拉蒙告诉她，这幅画画的是一个花瓶，但他觉得看起来并不像一个花瓶。"它看起来有花瓶的特征！"妹妹回答道。此时，拉蒙的思绪被点燃了。也许他的画并不一定要特别像他所画的东西，重要的是这些画表达了他看待世界的方式。

拉蒙开始坚持用自己独特的方式观察世界，这使他能够找出不同事物的特点，并使他逐渐恢复了通过作画表达自己的感受和感知的信心，即使自己最后的作品不符合传统地看事物的方式。慢慢地，他开始保持绘画和写诗的习惯（或者至少创造出了"诗一般"的作品）。在这本书的结尾，春天的一个早晨，拉蒙有一种"美妙的感觉"，他决定不再用图片或者文字来捕捉这种感觉。这本书告诉我们，"他不是在简单地品味，而是在自己的生活中努力观察不同事物的特质"。

　　为什么拉蒙决定不再用图片或文字来捕捉这"美妙的感觉"？我们是否可以像拉蒙那样观察世界，欣赏我们的感觉，而不是试图表达出来？也许当我们想用艺术的方式表达自己时，最重要的就是花时间理解我们所经历的一切，而不是总试图去捕捉它们。这似乎是与当今社会尤为相关的问题，在旅行、参加音乐会和其他经历中，很多人都忙着"记录"这一刻（例如为在网络社交平台上发布信息而拍照），而非"经历"这一刻。我们是否应该努力地过拉蒙那样的生活？过那样的生活又意味着什么呢？

　　　　不要害怕错误。永不。

　　　　　　　　　　　　　　　　——迈尔斯·戴维斯（Miles Davis）

　　《像》这个故事不仅引发关于艺术的哲学思考；而且让儿童认识到，他们所认为的自己在艺术方面（或其他方面）的错误可能对别人来说是美好的，这种"错误"可能是加深认识和理解的契机。每当我们尝试新事物时，我们很可能会犯"错误"，而愿意去尝试，对培养一个乐于探究和充满想象力的头脑来说是必不可少的。通常，一个"错误"能牵引出一个原创的、意想不到的想法或创造。准确地说，什么是错误？通常我们所认为的错误（如拉蒙的画）并不是真正的错误。一个错误，就完全是错误吗？

绘本与艺术

在本书中，我谈到了绘本及其在鼓励儿童发展哲学思维方面所起的作用。绘本对于激发孩子对美学的探究，作用尤为突出。绘本是文学和视觉艺术这二者的独特结合，儿童可以通过视觉体验和语言体验的结合，发现背后的意义。整本绘本——它的故事或意义，以及它的插图和封面——为思考关于艺术、美、丑和优雅等的美学品质和美学问题提供了肥沃的土壤。

我们发现，儿童总是会观察到绘本插图中最小的细节，而这些细节往往为成年人所忽视；儿童总能仔细地检查插图，这很可能会增强他们对美学的敏感性。[3]和儿童一起看绘本，是一个观察和讨论颜色、线条、形状与纹理等美学特质的机会。在传统意义上，这些是设计的四个要素。这些不同的元素是如何创造意义的？与儿童一起辨别这些特质，如故事中颜色的效果、线条的使用和形状的数量，可以很容易地引发讨论——关于这些元素如何影响故事的意义以及我们对所传达内容的理解。

问你的孩子这样的问题：这个故事让你想到了什么？你感觉这本书怎么样？你认为这本书里的文字和图片哪个更重要，还是都很重要？你喜欢这本书里的图片吗？为什么喜欢或为什么不呢？你注意到了什么？你认为这本书是艺术吗？

艺术是什么

与你的孩子展开一场关于艺术的对话，具体操作是：给他两张空白的纸、一些马克笔(或蜡笔),然后让他画(或者说,以某种方式完成)两幅画,其中一幅在他看来是艺术,另一幅则不是。他这样做完之后,你就问他为什么一幅是艺术而另一幅不是。或者你试着去猜测哪幅是艺术,哪幅不是。

当我在课堂上做这个练习时,通常一些学生会说某幅画不是艺术,其他学生则会说那是艺术。支持某幅画是艺术的学生会辩论称,即使艺术家认为它不是艺术,但它仍然有可能真的是艺术。通常,儿童会对其中一张空白的纸什么也不做,并断言这个空白的页面不是艺术。大多数时候,几乎所有的学生同意这一观点,认为这绝不可能是艺术。他们会说:"没有人在研究这个问题。"面对这种情况,有时我就会拿起一张空白的纸,问:"如果我说这是我的艺术作品,它叫'沉默',怎么样?这是艺术吗?"

这个练习的结果是你和你的孩子会通过对如下问题的探究想出方法来区分艺术与非艺术:这件作品是否被投入了大量精力?艺术家是否有意将一件作品打造成艺术品?一件作品是否在某些方面被公认为艺术作品?……

然后你可以让孩子说出一些他认为是艺术的东西。有时这种讨论会导致孩子声称任何东西都可以是艺术。在这里,你可以举个例子,如在晚饭后把盘子堆起来,然后对孩子说:"看看这幅美妙的艺术品吧。"那真的是艺术吗?

这是我在和小学生相处时经常提到的一个问题:一位著名的雕塑家买了120块砖,在一家著名的艺术博物馆的地板上,把它们摆放在一个长方形的堆里,两块砖一摞,一行摆6摞,一列摆10摞。他把这幅作品称为"一堆砖"。在整个城镇,建筑工地的工人拿着120块同样的砖，以同样的方式排列，他们完全不知道博物馆里发生了什么，他们只是在准备使用它们。第一堆砖是一件艺术品，而第二堆却不是，尽管这两堆在所有可观察的方面看起来都是一样的。[4]

大多数时候，学生对这个问题的第一反应会是，说二者都是艺术品。但通常情况下很明显，学生一般会声称一件作品之所以能成为艺术品就是因为其出自艺术家之手。在课堂上，一名学生想知道，如果有其他元素的加入，那么一件作品是如何成为艺术品的。有学生认为，此时创作者的意愿很重要。如果工人不想他们的作品成为一件艺术品，也许它就不是一件艺术品。另外有学生说，如果有人将建筑工地当成一件艺术品，那么它可能就是一件艺术品，即使那些摆砖块的工人不这么认为。

这让我们讨论了什么是艺术这一问题。我把一张纸揉成一团，扔在桌子上。"如果我说这是我刚刚创作的一件艺术作品呢？"

> 贾丝明（Jasmine）："好吧，如果你想要通过它表达某些意义，那它就是一件艺术品。"

> 我："好吧，如果我说，我表达的就是生命是多么的没有意义，那就会使这皱皱巴巴的纸变成艺术了？"

> 赖利（Riley）："是的。如果你想表达这一点，那就可能是艺术。但如果我把我正在做的作业弄皱了，因为我写错了，打算把它扔进垃圾桶，那就不是艺术了。"

> 马克斯（Max）："这取决于你是否是一位艺术家。如果你是一位艺术家，那说这团纸是件艺术品就有人信了。"

蒂法妮(Tiffani)："我觉得重要的问题是，你的作品是否是原创的。如果你创造的东西是原创的，那它就是艺术。"

艺术必须是原创的吗？一件模仿了其他作品的作品能成为艺术吗？在汤米·狄波拉(Tomie de Paola)①的绘本《艺术课》(*The Art Lesson*)中，汤米很小就知道，他最喜欢做的事情就是画画。他在艺术学校的堂兄当时正在"学习成为真正的艺术家"，堂兄告诉他"不要模仿，要练习，练习，练习"。在一年级的时候，一位"真正的艺术老师"每周来上一次艺术课。老师给每名学生发一张纸，并告诉他们要模仿老师在黑板上画的东西。汤米表示自己被吓到了，老师问他怎么了，他告诉老师，他长大以后要成为艺术家，而真正的艺术家不会模仿别人。老师经过深思熟虑后表示，让汤米做些不同于其他同学的事情是不公平的，但是如果有时间的话，他可以再拿一张纸来画自己的画。这本书后面的情节是，汤米不仅这样做了，而且持续地做了下去。

这本绘本提出了几个美学问题（以及像公平的意义这样的问题）。学生的图画作品，作为艺术老师的画的复制品，是艺术吗？我们可以通过模仿其他艺术作品来学习艺术吗？艺术家会模仿吗？所有的艺术都必须是原创的吗？对一件原创的作品来说，这意味着什么？有什么东西是真正原创的吗？想要成为艺术家，是否必须得进行原创？

---

① 汤米·狄·波拉，美国作家，代表作有《楼上的外婆和楼下的外婆》。——译者注

什么让人成为艺术家

毕加索曾经宣称："每个孩子都是艺术家。问题是怎么使他们在长大后仍然保持这种天赋。"然而，我听到很多儿童说："我不懂艺术。我一点儿也不会画画。"儿童和成年人都认为，成为艺术家的条件非常严苛。然而，几乎所有的儿童都以某种方式通过艺术表达自己，这种方式可能是舞蹈、绘画或其他视觉艺术、歌唱、表演或写作。不管是否所有的孩子都是天生的艺术家，大多数儿童会通过某种形式的艺术表达他们对世界的看法。

李欧·李奥尼在《玛修的梦》(*Matthew's Dream*) 中讨论了艺术的灵感和使人成为艺术家的东西。像李奥尼其他的绘本一样，它的插画很迷人。在这个故事中，玛修是两只老鼠的独子，而且他家很穷。一天，玛修的班级去参观一家艺术馆，他沉浸在各种各样的绘画中。"世界都在这里。"他想到。回到家后，他开始注意到"他家阁楼角落里的灰色凄凉"。然后他又从另一个角度看，看到了那里的形状、颜色和图案。在那时，他决定成为一名画家。

具有参观博物馆这样的经历，对于成为艺术家是否必要？要成为艺术家，你是否必须具备艺术知识？一个人是如何发展其看待世界的独特艺术能力的？

类似的主题贯穿于艾伦·塞伊 (Allen Say) 的《艾玛的地毯》(*Emma's Rug*) 中。这是一个美丽而真实的故事，艾玛有一块白色的小地毯，她从来没有踩过它，她每天只是坐在那里盯着它看。在绘画和艺术方面，艾玛被老师和同学视为艺术家，她开始在艺术竞赛中获得奖项。当别人问起她在哪儿获得绘画灵感时，艾玛回答道："我只是模仿。"

一天，艾玛的妈妈洗了这块地毯。它变得扁平，所有的绒毛消失了。艾玛停止了绘画，最终扔掉了她的奖状、铅笔、颜料、画笔，甚至扔掉了那块地毯。现在艾玛坐在她的空房间里，开始看墙上的东西，然后看外面树上的东西，那是她"之前就知道的"。

"我能看见你们！"她哭喊着。最后一幕，没有文字，但告诉我们，艾玛再次拿起了画笔。

我喜欢这个故事，因为它不容易被理解，由此，它可以引发许多有趣的讨论。这块地毯对艾玛来说意味着什么？她看到了什么？扔掉房间里的一切如何帮助她再次看到那些东西呢？她看到的东西是来自她的内心，还是来自外部世界，抑或两者兼而有之？为什么丢了地毯她就看不到那些东西了？艾玛是艺术家吗？如果是这样，是什么使她成为艺术家的？当她停止绘画时，她仍然是艺术家吗？

另一个故事引发了关于艺术灵感的本质的讨论，引出了艺术与生活之间关系的问题。它呈现在温迪·凯塞尔曼（Wendy Kesselman）的绘本《艾玛画画》（*Emma*）中。72岁的艾玛和她的猫住在一起，有时她觉得"非常孤独"。为了她的生日，艾玛的家人送给她一幅关于童年村庄的画，她觉得这幅画和她记忆里的不太一样。于是，她开始自己绘画，画出她记忆中村庄的样子。她还画了许多其他的画。这些画让艾玛感觉自己被"朋友和她爱的地方"围绕。

艾玛的艺术灵感似乎来自她的内心，来自她记得的生活方式。记忆在艺术中扮演什么角色？我们每个人看待世界的方式都是独一无二的吗？那么，是否可以说我们都是艺术家，抑或说真正的艺术家都需要通过我们这些普通人的观点来表达艺术？这本书的插图阐明了艾玛绘画后的变化。她微笑着，而不是皱着眉头，她似乎随着故事的发展而恢复了活力。通过艺术来表达我们自己，能改变我们对自己的看法吗？我们的感觉和我们的审美体验之间有着怎样的关系？

艺术与情感

"艺术是无情感的吗？"这个问题出现在四年级的一个班级里。

"你们怎么想的呢？"我问道。

迪伦回答道："所有的艺术都表达了某种情感，即便只是'无聊'这种情感。"

所有人似乎都同意。

达纳(Dana)："我们怎么知道艺术表达的是什么情感？可能我们看到一幅画，觉得很悲伤，但事实上艺术家和画中的人都很开心。"

赖利："画本身就有一定的情感。如果你看一看画里面人的肢体语言，或者颜色，他们会让你想到悲伤，或者快乐，或者别的什么。"

艾玛："当我们看同一幅画时，你可能会认为它表达的是悲伤，我可能会觉得它表达的是生气，也许艺术家想让它表达的是快乐。我认为一幅画的情感在我们身上而不是在画中。"

马克(Mark)："对！艺术仅仅激发情感，它触发的情感发生在我们身上，而不是在艺术中。艺术本身没有情感，人有。"

我："好吧，但是艺术总能激发情感吗？这是艺术的目的吗？"

艺术应该在我们身上产生情感吗？是表达情感或激发一种情感反应，定义了艺术作品吗？你可以向儿童提出一些有趣的问题来激发对这些问题的讨论。例如：

你的朋友告诉你，他昨晚看了一部电影，并且觉得很喜欢。

"跟我讲讲这个电影。"你说道。

"非常棒，"他回答道，"我没有一点儿情绪上的反应。"

"那你怎么会觉得非常棒呢？"你问。

"哦，它是完美的！它让我思考这部电影的意义。如果我对它有情绪的话，我就不会真正理解它了。我只是根据我的感受做出反应。"[5]

我们能单纯地欣赏艺术而不产生任何情感上的反应吗？情感在艺术中的作用是什么？思想或情感对美学的体验更为重要吗？

是否有一种体验艺术的方式需要冷静理智，或者必要的情感？我们经常通过描述情感来谈论我们的审美体验。例如，儿童经常观察到，他们喜欢音乐的部分原因在于他们在听音乐时所感受到的情绪（"那首歌让我感到非常高兴"）。我们的感受是否妨碍了我们对绘画、音乐、电影或其他我们正在感受的作品的理解能力，或者在审美体验中，情感上的投入是否重要？

艺术是如何表达情感的？当我们做出情感反应的时候，我们是在对艺术的形式做出反应吗？我们的感觉是什么？例如，当我们看恐怖电影时，我们会感到恐惧，但是我们真的害怕吗？（毕竟，我们没叫警察，也没喊救命。）或者我们正在享受被惊吓的感觉？当我们看恐怖电影时，我们有什么感受？为什么人们会喜欢看这种电影？

给你的孩子三张纸，上面写着"快乐""悲伤"和"愤怒"。请他创作一幅画，画出纸上所写的情感，不要使用任何文字。你也可以一起来做这个练习。谈谈颜色、线条和形状是如何表达情感的。更有趣的问题是：艺术作品的特点或者其所表达的情感是什么？像颜色这样的特质是如何影响我们的情感的？

颜色与情绪

> 颜色，就像容貌一样，随着情绪的变化而变化。 *111*
>
> ——毕加索

露丝·克劳斯（Ruth Krauss）著的《我想把我的浴室涂上蓝色》

（*I Want to Paint My Bathroom Blue*）〔插图由莫里斯·森达克（Maurice Sendak）绘制〕，讲述了一个年轻男孩儿的故事。他梦想着把他的浴室涂成蓝色，把厨房涂成黄色，把天花板涂成绿色，等等。他想象着自己理想的家是什么样的，一切想象都是在他父亲告知他浴室也许不能被涂成蓝色的背景下进行的。

这个故事促使我们思考颜色与我们的感知、情绪之间的关系，以及色彩在想象中扮演的角色。什么颜色能让我们想象到我们原本无法想象的？为什么颜色对我们如此重要？我们经常用物体的颜色来辨别它们，但是那些颜色真的在物体中还是只是我们知觉的一部分？不同的颜色对我们有不同的情绪影响吗？颜色是如何引发情绪反应的？

在这个故事里，男孩儿说他会把一所房子变成他梦想的那种房子，而不是他看到的那样的房子。他用色彩来构建他想要生活的世界。他说他有"像彩虹一样的房子"，他的房子有一天会变成海洋。那么，他在大自然中的经历如何改变他看待世界的方式？

感受大自然

> 对艺术家来说，从来没有任何东西在本质上是丑陋的。
>
> ——罗丹

当你和你的孩子在户外时，和他一起思考植物的美丽。听鸟儿唱歌，然后问他："如果你发现你所听到的不是真正的鸟鸣，而是一个人模仿的声音，事实上这里没有鸟，你听着会不会有同样的感觉?"[6]

与我们对艺术的欣赏不同,我们对自然的欣赏依赖于自然本身而不是人类创造的东西吗?在我们与艺术的接触中,我们常常惊叹于艺术家的创造力。是什么使我们对自然产生了类似的惊奇感和审美快感?

在绘本《如何给鸟儿画像》(*How to Paint the Portrait of a Bird*)中,美国画家莫迪凯·格斯坦(Mordicai Gerstein)改编并图解了雅克·普莱维尔(Jacques Prévert)的诗歌,将诗歌从法文翻译过来。这首诗歌讲述了艺术家试图在他的艺术中寻找意义的故事,并揭示了艺术和自然之间的互动。这首诗歌引导读者去画一个笼子——里面有为鸟准备的东西,把这幅画带到户外,然后等待一只鸟。如果鸟来了,在鸟进入笼子后,就把笼子的门画成关闭的。然后,把笼子擦去,把鸟所生活的户外环境画出来,等着它唱歌。

这些画很吸引人,这本书引发了如下问题:艺术能否捕捉自然?我们的自然体验如何影响我们?为了完全欣赏自然,我们需要了解自然吗——如果我们能分辨出我们听到的是哪种鸟的叫声,那么我们对自然的欣赏就更深了吗?我们必须对自然世界有一些科学的认识才能欣赏它的美学特质吗,或者我们对自然的情感反应是重要的吗?看日落时的感觉和听一首我们爱听的歌时的感觉有什么不同?

和你的孩子一起读格斯坦的绘本《如何给鸟儿画像》,然后问他一些问题:你认为自然像艺术吗?自然是一种艺术形式吗?观察那些展现鸟类和树木的图片是否与实际的鸟类和树木不同,二者有什么区别呢?身处自然与看书中的图画,给你的感觉是否是一样的？感觉是如何一样的，它们又是怎样不同的呢？我们是否以与评价艺术相同的方式来评价自然？为什么相同或为什么不同呢？

我们如何判断艺术

关于艺术本质的讨论中，几乎总是会出现一个问题，那就是我们如何进行判断。一般来说，我们根据自己对某件艺术作品的反应来判断艺术。但是我们如何证明我们对艺术的反应呢？人必须接受特殊的教育或培训才能决定一件艺术作品是否是好的吗？所有人对艺术的看法都是平等的吗？

在美国书画作家彼得·卡塔拉诺托（Peter Catalanotto）的绘本《艾米丽的艺术》（*Emily's Art*）中，一年级的学生参加艺术比赛。评委是校长的母亲，大家知道，她的表姐嫁给了一位艺术家。看着参选的画，评委指着其中一幅表示欣赏，因为它的"细节和惊人的颜色"。她指出，这是一只美丽的兔子。当她得知这幅画画的其实是一只狗时，她表示不喜欢这幅画，因为她讨厌狗。最终她选择了另一幅画作为比赛的获胜作品。

这位评委是否有资格评判一场艺术比赛？是什么让一个人有资格评价艺术作品的？那些对艺术知之甚少的人的观点，是否与那些追求艺术教育的人的观点一样有价值呢？

儿童经常会这样说："只有你的观点最重要。如果你认为它是艺术，那它就是艺术。"你可以通过向你的孩子提这样的问题来帮助他更深入地思考：在《艾米丽的艺术》这个故事里，如果评委说关于狗的画都不是艺术原因在于她自己讨厌狗，那么这意味着关于狗的画就不是艺术吗？有没有什么艺术，不管别人怎么说，都是艺术？如果没有人喜欢《蒙娜丽莎》，那它还是艺术？是否必须有人欣赏一件作品，它才是艺术品？不止一个人吗？一件作品必须得是美的，才能算作艺术吗？

什么是美

关于美的本质的问题对年轻人来说是至关重要的，尤其对女孩儿来说，遵守外界强加的美的标准是一种持续的压力。2003 年，《青少年杂志》(*Teen Magazine*)报道说，6 岁到 12 岁的女孩儿中有 35％的人在节食，而且，女孩儿越年轻越对自己的外表不满，她们开始关注化妆品并改变自己的容貌。反思美的本质和社会所建构的美的标准，可以促使我们更细致地反思媒体所描绘的"美"的形象。

对这个问题讨论得比较深刻的是琼·基尔伯恩（Jean Kilbourne)的《温柔的杀害》(*Killing Us Softly*)系列电影，视频网站上有这个系列电影的一些片段。基尔伯恩展示了几十个贬低女性并传达不真实的女性形象的短片。基尔伯恩讨论了媒体构建的美的标准，以及它对我们感知美的影响。观看其中的一个短片（有些时长只有 5 分钟左右），然后问你的孩子这样的问题：你认为我们所相信的使人美丽的东西真的能够使人变美丽吗？或者我们认为这个人是美丽的，仅仅因为我们被教导要这么想？人类的美是什么？你能既美丽又糟糕吗？只有一些人是美丽的吗？每个人都可以是美丽的吗？如果每个人都是美的，那么美又意味着什么？

让你的孩子想三件他认为漂亮的事物，三件他认为丑陋的事物。为什么他认为前三件事物是美丽的，后三件事物是丑陋的？丑陋的东西也会是美的吗？美的东西会变丑吗？

和你的孩子一起读《丑小鸭》的故事。这是 19 世纪的经典童话，故事讲述了一只小鸭子和他的兄弟姐妹一起被孵化出来的时候，他经常被他们嘲笑和排斥，因为他们觉得他很丑。他在秋天和冬天独自游荡，饱受恐惧、孤独和悲伤的折磨。春天，他从沼泽地里飞了出来，与一群天鹅相遇，这时他才意识到自己已经变成了一只美丽的天鹅。

这个故事提出了关于自我的同一性和自我的本质，美与丑的意义，感知，以及孤独的体验等一系列问题。可以问儿童这样的问题："丑小鸭"真的很丑吗？如果是这样，是什么使他变丑的？在故事的结尾，他是否停止了丑的表现？"丑"是什么意思？如果有人认为他很漂亮，那丑小鸭还丑吗？我们如何决定什么是美丽的，什么不是？如果你很丑，那么你总是丑的吗？如果你很漂亮，那么你总是漂亮的吗？

你可以研究一下美从何而来，以及外在美的标准如何能让人们以不同的方式看待自己等问题。如果丑小鸭认为自己很漂亮，那他更有可能被别人认为是美的吗？拥有"内在美"意味着什么？一个人是否可以同时既是糟糕的又是美丽的？或者，是否可以说一个人既是出色的又是丑陋的？是否有一些关于美的客观标准，使每个人在任何时间和地点都同意一个特定的人或物是美丽的，还是说这标准取决于你所在的时间和地点？取决于时间和具体情况的美是否是真的美，还是只是人们编造出来的东西？为什么美对我们很重要？

让你的孩子想象两个世界。一个是美丽的世界，有高山、河流、大海、树木、鲜花，还有夜晚的星空。另一个是丑陋的世界，基本上是一个充斥着垃圾和污秽的星球，任何东西都会让我们厌恶。现在想象一下，没有人会生活在这两个星球上，甚至没有人能看到它们。如果只有一个世界可以存在，那是哪一个呢？[7]

我们中的许多人都有一种直觉，认为美丽的世界应该存在。如果你的孩子有这种直觉，问他为什么。如果没有人会体验到美丽的世界，我们又有什么理由去选择一个美丽的世界而不是一个丑陋的世界呢？

美和音乐

在我所教的本科生哲学课上，我给学生布置了下列作业。[8]

1. 列出你认为美的 15 首歌曲，以及至少 1 首你认为丑的歌曲。
2. 对于每首歌曲，写 2-3 句话解释为什么你认为这首歌是美的或丑的。

这个作业引发了关于美的本质的深刻讨论，甚至讨论得比我在最初分配任务时所预期的要更好。分享你认为美丽的音乐是一种非常个人化的行为，当学生解释为什么他们认为某一特定的音乐是美的时，他们似乎会深刻地反思是什么使自己有如此的看法。把这个练习作为一个跳板来讨论美，这就引出了我和学生之间的一些最富有哲学性的讨论。

如果一首歌的歌词表达了仇恨或痛苦的想法，这首歌会是美的吗？在一节课上，一名学生播放了由地下丝绒乐队（Velvet Underground）创作的歌曲《海洛因》（"Heroin"），歌词对吸食海洛因成瘾进行了描述。一些学生认为这首歌不能被认为是美的，因为它描绘了这样一种毁灭性的、丑陋的现实。一名学生评论说，这首歌让她想起了她认识的那些死于吸毒的人，她想在歌曲播放的时候离开房间。

让你的孩子和你分享一段他认为很美的音乐，并且让其解释这样判断的原因。给你的孩子演奏一些你认为很美的音乐，并描述你为什么这么认为。美涉及什么，为什么我们对它的看法不同？是否有一些符合客观标准的美？或者，如果有人认为一个东西是美丽的，它会是美丽的吗？音乐只有是美的我们才会喜欢吗？为什么有些音乐是美的，有些却不是？

音乐的本质

关于音乐的问题唤起了年轻人对音乐的深切感受。我与学生最棒的哲学课程之一是，作曲家约翰·米尔顿·凯奇（John Milton Cage）①《4分33秒》的现场表演，接着是关于音乐本质的对话。凯

---

① 约翰·米尔顿·凯奇，美国先锋派古典音乐作曲家。——译者注

奇的作品，可以用任何乐器来演奏，共 4 分 33 秒，有三段：第一段，持续 30 秒；第二段，持续 2 分 23 秒；第三段，持续 1 分 40秒。表演者使用秒表来计时。在我教学的课堂上，一位当地的女钢琴家完成了这场演奏。

学生总是试图通过观察钢琴家在不同时段抬高或拉低琴盖的动作，来猜测不同乐章中发生和表达了什么。就此对学生进行观察，让我觉得非常有趣。每一组做过这个练习的学生，都完全能做到尊重演出并且保持安静。

你可以和你的孩子做一些类似的事情，问他是否想和你一起看一段在线音乐视频。观看凯奇的一场在线表演（如果你们能在大屏幕电视上观看，那就更好了）。或者，如果你会使用一种乐器，可以自己演奏凯奇的作品。让你的孩子在表演中保持完全的沉默， 116
并思考正在发生的事情。表演一结束，你就可以提出以下问题。

音乐是什么？

有什么东西是音乐必须具备的吗？

任何声音都可以算作音乐吗？

所有的音乐都能表达情感吗？表达的是作曲家的情感，还是我们听众的？

是什么让音乐变得令人身心舒畅？

为什么我们要听悲伤的音乐？

表演结束后，我总是问学生，当钢琴家演奏的时候，他们在想些什么。我听到了各种答案，包括："我认为她准备了很长一段时间才开始演奏。""我认为她在开始之前就做了某种精神上的准备。""我认为她可能焦虑症发作了。"最终，学生意识到，关键是音乐家不使用任何乐器。我告诉学生，1952年，在纽约伍德斯托克剧院目睹了这首曲子首演的观众，一边低声交谈，一边走了出来，最后爆发出一场愤怒的骚动。

在首演后，凯奇说："他们错过了重点，没有什么是沉默的。他们认为是沉默的，是因为他们不知道如何倾听，实际上充满了意外的声音。在第一乐章中，你可以听到外面的风吹动的声音。在第二乐章中，你可以听到雨点打在屋顶上的声音。在第三乐章中，你可以听到人们在说话或离开时发出的各种有趣的声音。"

凯奇认为这首曲子是一种"聆听的体验"。问你的孩子，当你们观看表演时，他听到了什么声音。儿童往往会指出他们在房间里听到的各种各样的声音，而这些声音是他们通常不会注意到的。

这首曲子算音乐吗？根据我的经验，学生对这个问题的看法是相当不同的。

在几年前的一次谈话中，几名学生认为，凯奇的作品是音乐，因为每一乐章的时间是限定好的，并且很多声音可以被听到。

> 威尔："是的，我同意。这首曲子是音乐，因为它是世界的声音。"
>
> 有的学生反驳："不能仅仅因为有声音，就认为它是音乐。"
>
> 约翰拿了一本书，把它扔到地板上，问道："这是音乐吗？"

埃莉斯(Elise)回答说："嗯，这可能是。这取决于它是否被认为是音乐。"

"这话是什么意思呢？"我问。

埃莉斯回答说："我认为音乐是被公认为音乐的。""所以说，只要有人理解，任何东西都能是音乐。"

其他学生总结道，要想形成音乐，必须有节奏，而且必须是有意图的。音乐必须是有意图的吗？我们注意到，在凯奇看来，音乐并不是有意为之的。他试着用《4 分 33 秒》来证明，我们大多数时候听不到的声音，如下雨声或房间中的嗡嗡声，也属于音乐。

我们讨论过，在所有的艺术中，音乐可能是人类体验的最重要的形式。一名学生指出，对大多数人来说，他们每天都会以某种形式听到音乐。然而，我们一致认为这是完全不可思议的。为什么人们喜欢某种形式的音乐而不喜欢其他形式的音乐呢？为什么音乐会让我们感觉如此强烈？任何声音都是音乐吗？是什么真正定义了这种艺术形式，让我们中的许多人如此激动？

在布赖恩·平克尼(Brian Pinkney)的绘本《马克斯发现了两根棍子》(*Max Found Two Sticks*)中，一个小男孩儿捡起两根树枝，开始打鼓。他模仿鸟儿飞翔的声音、下雨的声音、教堂的声音，还有火车沿着铁轨往前开的声音。

这本绘本呈现了关于节奏的故事和丰富多彩的插图，它让人想到什么声音算是音乐这一问题。和你的孩子一起读这本绘本，然后问以下问题：马克斯打的鼓算是音乐吗？如果我拿着勺子，发出砰的一声，那是音乐吗？雨水落地的声音算是音乐吗？音乐必须由人来创造吗？故事本身是有节奏的，它是一种音乐形式吗？任何东西都可以成为音乐吗？

从定义上来说，我们认为音乐是一种聆听的体验（同时也是一种表达形式）。然而，在凯奇的《4 分 33 秒》中，听众听到的是他们自己的声音以及表演现场的声音，而不是凯奇所创造的。一些学生观察到这个作品有时有一种非常放松与平和的效果。一名学生曾经评论说，当大家进入教室时，教室里"又吵又闹"的，在表演结束后，教室里变得非常安静平和。

凯奇希望听众能更具包容性地倾听世界上所有的声音。我认为倾听和讨论凯奇的经历，能够让孩子更好地注意其生活中的声音，探究自己听到的声音是否全部或部分是音乐，以及是什么让他们如此认为；能够让孩子从更深层次上欣赏声音和沉默的美学维度。

与孩子共同保持沉默的经历可能是一种非常难能可贵的体验（在 21 世纪，电子通信技术无处不在）。与儿童一起坐 5 分钟，只是保持安静（根据我的经验，这对 7 岁及以上的儿童很有效，对年龄更小的孩子是否可行就要取决于孩子自身了）。之后，问你的孩子在刚刚这段安静的时间里，他有什么感受和感觉。沉默就是没有声音吗？或者说，是某些特定的性质构成了沉默吗？感受着彼此间的空气和空间，问孩子是否觉得这与仅仅坐着的感觉有什么不同？他如何描述寂静、沉默的感觉？这样的感觉是在房间里，还是在他的心里，还是两者都有？沉默能让我们看到或感受到美吗，或者比我们想象的更深刻吗？

找到与你的孩子谈论美学问题的方法，可以让他更有意识地观察到美丽和丑陋、敬畏和厌恶、优雅和花哨等特征是如何影响我们的生活方式的。生活的美学维度是我们大多数人的快乐和生命意义的源泉，其大多数来自我们的日常生活，是由我们的知觉反应塑造的，如在大自然中，在我们的家庭和工作空间中，在旅行中等。美学实现是大多数人生活的动力，它借助于视觉艺术、音乐、表演艺术、时尚和设计，以及在自然中的体验等。欣赏美和丑等概念的丰富性和复杂性，会让你和你的孩子有更多的反思性的、有意识的审美接触。

与儿童讨论美学问题的三种方式

1. 聆听歌曲《生命的循环》（"Circle of Life"）（来自《狮子王》，适合所有年龄段的儿童）。

如下问题可能会出现。

你喜欢这首歌吗？
· 【如果回答喜欢】是什么让你喜欢它？
· 【如果回答不喜欢】是什么让你不喜欢它？
这首歌让你感觉如何？
你认为这首歌是快乐的还是悲伤的？是什么造就了这首歌的氛围？
你认为这首歌优美吗？
· 【如果回答是】是什么让这首歌优美的？
· 【如果回答不是】为什么这首歌不优美？

你喜欢的音乐中，有不优美的吗？对于这样的音乐，你喜欢其中的哪一部分？你更喜欢优美的音乐吗？为什么喜欢或为什么不喜欢？

对你来说，音乐能在某一时刻是优美的，而在另一时刻不是吗？

音乐能既优美又恶俗吗？

2. 看《怪物史莱克》(*Shrek*)（2001 年上映，适合所有年龄段的儿童）。

如下问题可能会出现。

你觉得史莱克很丑吗？

为什么每个人都认为史莱克是丑的？为什么史莱克认为自己很丑？

菲奥娜认为史莱克很丑吗？当史莱克意识到菲奥娜爱上了他时，他是否对自己开始有了不同的看法？

菲奥娜更像公主还是更像食人魔？

是什么让史莱克和菲奥娜变得丑陋或美丽？

一个人可以既美丽又丑陋吗？

3. **读艾诺·洛贝尔所著的《颜色是怎么来的》**(*The Great Blueness and Other Predicaments*)（适合所有年龄段的儿童）。

这个故事讲的是一个巫师向周围人介绍各种颜色，以及后来这些颜色对他人产生的影响。当你在讲故事的时候，让你的孩子用他最喜欢的颜色画一幅画。然后问以下问题：为什么你最喜欢这种颜色？你喜欢这种颜色的什么特质？这会让你有某种感觉吗？如果是这样的话，当其他人看到这种颜色的时候，他们都有这种感觉吗？每次你看到它的时候，它都会让你有同样的感觉吗？

其他备选问题如下。

你觉得这个世界上是否曾经有段时间没有颜色？

你觉得颜色是怎么来的？

如果有什么东西是红色的，它可以同时是蓝色的吗？能是粉色的吗？或者栗色？

绿色是由蓝色和黄色组成的吗？如果是，那么绿色就只是蓝色和黄色吗？或者它本身有什么别的东西？

事物在不同的光线下有不同的颜色吗？在晚上呢？想想在白天和晚上，草地、郁金香、你房间里的地毯、你的头发，雪是什么颜色的。

你有比较喜欢的颜色吗？为什么喜欢这种颜色呢？你喜欢某些颜色是因为它们有什么特别之处还是出于你自身的原因？

事物的颜色会改变吗？还是我们看待事物的方式变了？

我们看到的事物有颜色吗？还是这颜色是在我们心里的？

颜色是真实的吗？什么让你觉得颜色是真实的或不真实的？

如果这个世界由不同的颜色组成，那么这个世界会变得不一样吗？

注　释

120　　　[1]此处引用于 2012 年得到了简·赫什菲尔德的许可。

[2]Aristotle，*Metaphysics*，3，107b.

[3]案例请参见芭芭拉·Z. 基弗的《绘本的潜力》[Barbara Z. Kiefer，*The Potential of Picturebooks*（Englewood Cliffs，NJ：Prentice Hall，1995），pp. 35-41]。

[4]接下来的谜题和这一章提到的其他问题都是根据玛格丽特·P. 巴廷（美国哲学家——译者注）等人编纂的《关于艺术的谜题：一本美学案例书》[Margaret P. Battin et al. eds.，*Puzzles about Art：An Aesthetics Casebook*（New York：St. Martin's Press，1989）]中的思考题改编而来的。关于这一谜题的描述，详见该书第 13 页。

[5]Ibid.，p. 55.

[6]改编自康德的《纯粹理性批判》（*Critique of Judgment*），第 42 部分。

[7]这个思想实验是由哲学家 G. E. 摩尔（G. E. Moore）设计的，见其《伦理学原理》（*Principia Ethica*），第 83～84 页。

[8]特伦斯·麦基特里克（Terrance McKittrick）是西雅图诺瓦另类高中的哲学老师，他将这项任务布置给我和我的助教戴维·夏皮罗。

第七章

我们究竟要给予儿童什么

一个孩子问道：什么是小草？

给我送来满满一手心

我该怎样回答这孩子？

我所知道的并不比他多多少。

　　——摘自：沃尔特·惠特曼，《儿童之问：什么是小草?》("A Child Said，What is the Grass?")

回顾此书中我所做的工作，有一个我一直在认真思考且在我
看来至关重要的问题，那就是要鼓励儿童发展他们的哲学自我。
回望过去 15 年，我与我的孩子及其他孩子谈论有关哲学话题时，
他们不断反馈给我的信息是，为哲学质疑留出空间，对他们来说，
是一种变革。

　　正如我所主张的，能够意识到生活中的哲学维度似乎对我们
大多数人而言是很自然的事情。随着不断地成长，我们逐渐去思
考人固有一死的奇特现象、生存的意义、同一性的复杂性、友谊
与爱的实质、如何过上有品质的生活，以及我们是否可以去了解
那些我们原本一无所知的事情。我们具有的反思人类经验的能力，
以及用语言来表述复杂、神秘、不可知的事物的能力，使质疑人
类生存条件成为一项基本的人类行为。

　　然而，深刻地审视我们使用的概念、我们持有的信念及经验，
并没有成为我们大多数成年人生活的一部分。在这本书里我曾指
出过，这其实是一种损失；鼓励我们的孩子努力去发展他们的哲
学敏感力对他们而言将是一笔巨大的财富。要对每天的生活中有
较为重要意义的事情进行分析和预测，需要精通推理和分析，并
且要对一些特别现象给予持续的关注。与儿童进行哲学探究，可

以给他们提供一些重要的掌控未来生活的能力，增加其构建未来有意义生活的信心。此外，这可以通过持续葆有我们中的绝大多数人在儿童时期经历的对人类境遇的惊奇而深化生活本身。

成为一个独立思考者

> 我一直以来都持有强烈的信念，但是在我们进行话题讨论的过程中，又出现了许多之前我几乎从未深入思考过的问题。

——克里丝特兰（儿童哲学专业大一学生）

在我的儿童哲学课堂上，许多大学生，尤其是那些刚刚接触哲学的学生，都表示能够与同龄人进行哲学讨论是多么有意义的事情。他们指出，我们如今在哲学课堂上讨论的一些话题，他们在童年时期就曾时常思考，但是他们并没有得到任何持续的有关哲学探究的支持与鼓励。当我们谈及为什么将哲学介绍给儿童时，123 他们描述道，似乎有这样一种感觉，即他们的哲学思维锻炼似乎在早年时曾受阻。我经常察觉到，他们自己也意识到，对于许多不同的话题，他们自己并没有独立思考过——并且随着我们课程的进行，他们越来越意识到这个问题。

多数人在成长过程中并没有对如下方面进行过深入思考：强烈的道德信念，生命中最重要的事情，自由和公平，上帝的存在和本质，以及其他基本问题。我们所得到的关于这些问题的答案，很多源自我们的父母，有的还是未经证实的。我们在成长过程中，随着年龄的增长，常会认为世界的运转遵循单一可知的法则。在某一时刻，我们会顿悟，其实生活中并没有这样一个可以持续帮助我们去理解这个世界的完美解释——并没有可以开启心灵深处之谜的密钥。随后我们会慢慢意识到，理解我们的世界其实是一个循序渐进的过程，需要我们收集大量的信息，需要有丰富的阅历以及不断进行学习。此外，我们发现，我们的理解是暂时性的，它随着时间的推移而变化。

在幼年时期有机会同父母或其他可以信任的成年人进行这样一种思辨性反思，能够让儿童去思索那些他们基于自身的视角和理念而感兴趣的问题，也能够鼓励儿童形成一种质疑其固有信念和思想观念的习惯。形成一种质疑而非肯定的思维方式，一种用不确定性替代非确定性的思维方式，可以帮助他们成功地把握其成长的复杂世界。

为成为成年人所要做的首要任务就是了解世界并知晓自身所处的位置。发展儿童的哲学自我是帮助他们形成推理能力和创造性思维能力的方式之一，这对于儿童理解世界是极为必要的。为此，儿童必须获得掌控自己生活的能力，这需要其具备有效思考的能力及会提问题的能力。思考及质疑是哲学实践的关键。因为哲学问题是复杂的，它需要精准、严谨的推理。又因为它是悬而未决的，这就要求儿童能够提出清晰准确的问题并做出有理有据的回答。当你与你的孩子进行哲学思考时，其实就是在帮助他去获得解决问题的工具，使他成为一个自主学习者及独立思考者。

亲爱的加纳，现在距离我在大学里第一次接触哲学课已有几周的时间了。无疑，这是我这学期最喜欢的一门课……
我想说的是，谢谢你让我有机会接触哲学。能读到你给我的
《伟大哲学家的二十问》的小册子对我来说真的是受益匪浅，
现在我熟知了许多概念，当相关话题在课堂上被讲述时，我
可以很好地理解并能够更深入地解读。幸亏有你的提醒，我
才没有陷入千篇一律的高中生活中去，否则，我真的不知道
也不想去思考大学生活会是什么样子。

——亚历山德拉（Alexandra，八年级时上过我的哲学课，
在她大学二年级时给我发送了这封电子邮件）

哲学可以使儿童的生活境况变得不同，这种说法看起来似乎
有些夸张。但是我认为哲学真的会带来不同。我们的哲学自我可
以帮助我们敏锐地察觉到人类生存中的诸多问题，它同涉及猜测、
敬畏、困惑等的生活经验密切相关。这些都是人类的基本样态，
能帮助儿童形成并发展其自我哲学意识，并肯定地告诉儿童，这
个世界是奇妙神秘的。这种深入思考有助于儿童分析能力的提高，
而这是其在以后的人生中能全面决策所必须具备的能力。

哲学对话

我多次对我的学生提及我对哲学的热爱，它使我重新审视之
前我所坚信不疑的一切。我思想的火花时常会在哲学对话中被点
燃，使我得到启发并能以一种新的视角或方式去思考其他人提出
来的问题。这意味着，善于倾听是至关重要的，因为哲学探究是

可以通过对话产生新的思考的。这种哲学对话要求参与者有极高的专注力及对他人的言论能够认真思考。

在日常对话中，我们大多是一边倾听他人的话语，一边在想接下来我们要说什么。然而，最佳的对话应该包括参与者之间进行的真正平等的意见互换。这样我们才有可能真正试着去理解他人的想法。在哲学讨论中，阐述你的观点通常会强烈地显示你个性化的一面。你在论及"身份"这样的话题时，会涉及什么让某个人成为一个好人，或什么造就了生活的意义等问题，你可以用多种方式来表达你是什么类型的人。在你同你的孩子进行这类谈话时，你们真的需要认真倾听彼此的心声，这样可以帮助你们加深对彼此的理解，帮助你的孩子努力认识自我并对自己进行定位。一名 10 岁的学生对我说："在接触哲学之后，我能更好地了解我的思想了。"

在本书中我曾提到过，彼此倾听且深入研究哲学领域大量悬而未决的问题需要花费时间。例如，谈论像死亡、自由、美学这些话题，就需要有充裕的时间。我们完全沉浸在对话中而乐此不疲，不觉间时间已悄然流逝。能够真正地一起努力去理解或分析一个问题的经历为反射式亲密（reflective intimacy）营造了空间。我们彼此信任且能真诚地倾听对方的心声。这种聚焦分析就是时常被我们称为"心流"（flow）的经历，这让我们完全遗忘了时间。[1]

投入时间与孩子进行这种看似随意的哲学交流，其乐趣之一就是，至少有那么一会儿，它会让我们暂时丢弃生活中干扰我们的电子设备。这也会给孩子传递这样一种信息，即我们非常珍视反思并愿意花时间去思考。鼓励孩子花一些时间从积极参与世界

125

上的活动转移到反思他们正在从事及正在思考的事情的意义——能够习惯于花费时间去思考——在如今的速成文化（accelerated culture）中是极为重要的。

我们的孩子似乎越来越少有这种反思性对话的机会。对我而言重要的是，我的三个儿子已感受到了这种交流带来的乐趣而忘记了去翻看他们的手机。当然，还有很多途径可以使我们获得这样的交流空间，哲学只是其中的一种。然而因为问题是无穷的，所以最早也最易获得的途径就是营建亲子之间的对话空间，最大限度地创造对话的条件。

哲学与每个人

也许你会担忧，由于某些时候你不能给出孩子一个完满的答案，让孩子去理解不确定性对他而言可能会潜在地引发他的恐慌、不安全感，这也许不利于孩子解决问题。我认为应尤为注意的是，孩子思考的这些问题，或任何一次你同孩子的哲学对话，都要基于他感兴趣的话题展开。不确定性对孩子而言并不是陌生的经历。我认为，不是不确定性和怀疑本身，而是成年人对待它们的消极态度，更容易使孩子感到困惑和缺乏安全感。

我并不认为年轻人看到他们的父母或其他成年人纠结于难题、表达怀疑的情绪是可怕的事情。相反，看到成年人在生活中不断地寻求解决悬而未决的或费力的问题对孩子而言反而是一种激励。我们赖以生存的世界既不是完全可预测的也不是确定性的。你可以告诉孩子，对待这种不确定性的最好方式就是淡然处之。

对我而言最有意义的一件事情就是，我曾和一群小学生参加一次讲习会，那是最有价值的一课。我真的震惊于这些孩子有能力很好地进行交流。他们提出了有趣的问题，并做了深思熟虑的回答。其中有很多想法同我们在课堂上提出的观点极为相似。那次讲习会之后，我对儿童的才智有了新的评估和认可。我的工作使我有机会和儿童接近，所以我知道他们非常聪明、理解能力很强，但是我从没想过会与他们进行哲学对话。

　　　　　　——布兰登(Brandon，华盛顿大学儿童哲学专业大四学生)

　　我认为儿童的能力远超于成年人所想。我们低估了儿童审视复杂智力话题的兴趣和能力。我们同儿童一起解决严肃的问题时常常表现得过于独断，而对他们可以将事情解决好的潜力少有信心。我时常惊讶于与我交谈的小学生的老练，我意识到我们对儿童的期望值过低，其实他们的能力远高于我们所想象的。我所教的大学生也有相似的体会，每年都会有人提到小学生在学习哲学时提问和发表言论这两方面的水平使他们感到震惊。

对儿童想法的尊重

　　提高对儿童想法的尊重并没有成为我们的社会或大多数家庭优先考虑的事情。起码他们在认真提出关于两难命题的观点时，应得到我们的关注。在本书其他章节我曾论述过，儿童需要得到援助。我们不要假设他们对世界已经有了很多的了解，也不要认为他们应当展现出知识渊博的一面。他们普遍乐于去探究关于哲学难题的所有可能解释。在哲学对话中，成年人把儿童的无知描述成一种富有想象力的意愿——用全新的视角看待哲学难题而不假设他们已经知道或应该知道答案。

对儿童的观点及理解力的尊重应植根于与儿童进行哲学对话这样的观念之中。任何一个儿童尝试提出真诚的观点和质疑，本质上都应得到尊重。与儿童一起分析诸多哲学问题时，对于他们获得的自我决策、自我认知，以及为此付出的努力要予以肯定和欣赏；对于他们提出的想法，要像尊重成年人的反思那样给予评价。这些最终都需要认真对待儿童。我们不必视儿童为成年人，但是我们必须承认他们的观点和视角是值得被关注和被考虑的。儿童作为个体存在，其想法理应被予以承认。我记得当我还是孩子的时候，我的父亲极为重视我的沉思。这给我的反馈是，我的想法是很重要的，我所说的事情都是值得尊重和考虑的。这种意识给了我勇于表达自己观点的信心。

认真对待儿童的观点其实使儿童和成年人互相受益。儿童获得了以合理的方式同成年人交谈的经历，这提高了他们支持自己看法的能力和清晰连贯地表达自己思想的能力；成年人从儿童对问题所具有的新奇且富有想象力的洞察能力中获益，而这些对所有成年人来说都是极为重要的。加雷斯·马修斯曾写道：

儿童是人，作为人，理应在德与智方面得到尊重。无论他们是谁，无论他们将来成为谁，都应得到尊重。确实，我们可以从他们身上学到很多，他们丰富了我们的生活，尤为显著的是，他们从我们身上也学到了很多，让我们丰富了他们的生活。家长和老师对儿童的视角和意识观念持开放态度，同样会被以礼馈赠，否则成年人的世界就会匮乏而平淡。[2]

确实，儿童对世界来说是全新的、对新的可能性是开放的，他们的敏感性可以帮助成年人摆脱其根深蒂固的观念的束缚，激发其关注最普通事物所固有的疑惑。

人们不断地谈论儿童学会"为自己而思"的重要性。然而，大多数儿童往往被告知应该去思考什么，而不是被鼓励进行独立思考。为培养"为自己而思"的能力，儿童需要不断地去实践。哲学是所有领域中最能够使儿童通过实践来获得这种能力的。当讨论一个问题以至更容易理解其所包含的更深层次的问题时，不确定性和问题就位于核心位置，而哲学探究的意义就在于，在对核心问题的探讨中或在某种假设的预设中，哲学探究有将其调整归零的能力。

批判意识是哲学敏感力——一种看待世界的方式、对生活所做的决策——重要的一部分。要使儿童获得批判意识，就要鼓励儿童发展自我意识，增强自信心。"为自己而思"需要儿童具备善于发现问题，审时度势，并能够独立寻求答案的能力。这些是儿童建构未来所需要的至关重要的能力。

并不是每一个儿童都得信奉哲学。但是每一个儿童都应该有进行哲学探究的机会。大多数儿童在童年时期就开始接触哲学问题，并至少对本书中所描述的两三个哲学领域中的问题感兴趣。

128

到 10 岁或 11 岁时，儿童就会向自我提出问题，如为什么我活着，当我死后会发生什么，什么是爱。同你的孩子花时间来谈论这些问题可以帮助他提升对貌似真理的未知事物的认知能力，不管他最终是否对哲学探究充满期待。

对很多儿童而言，哲学可以成为他们看待世界的方式的一个重要组成部分。我的三个孩子都不相同，然而却都对哲学对话感兴趣，乐于了解我们生活的这个世界，喜欢讨论在人类生活中遇到的疑惑。如果父母能够给予孩子足够的空间去提问，并能够认真听取、谨慎处理这些问题，那么很多孩子就会被激发，使其哲学潜能得到彰显，较好地增进其清晰思考的能力。

将哲学融入你与孩子的关系中看起来可能是一件小事：在生活中你只需加入可谈论的话题。但是我认为这看起来小的事情却意义非凡。完全建立在儿童"为自己而思考"基础上的哲学探究，引发对儿童想法的信任及尊重，对儿童及其父母来说都是变革性的。

希望与哲学

前一段时间，一名大学生让我用一个词来描述哲学对儿童的帮助。我的答案是"希望"。

我之所以提到希望，是因为我认为哲学思辨与有能力构建自己的未来之间存在一定的关联。心理学家曾关注到，希望涉及创造力及对未来的信念，希望这一体验的关键是为美好生活规划蓝图。[3]希望需要对未来充满信心，并对发挥自身潜能来达成目标充满信心。在我看来，希望与让儿童接触哲学之间存在关联是因为哲学思辨为儿童自主学习、满怀信心地以自己的方式展望未来敞开了大门。

> 希望不是确信事情一定会变得更好，而是坚信无论结果如何，事情一定是非常有意义的。
>
> ——瓦茨拉夫·哈维尔（Vaclav Havel）

在过自己想要的生活方面，许多儿童面对的一个障碍是他们自身产生的如下感觉：他们无法控制生命的进程，无力改变看上去已为他们铺就好的道路。一旦我们的基本生存需求被满足，对我们而言，最重要的目标可能就是构建值得我们去追求的生活了。对大多数儿童而言，似乎生活中充满了限制而非可能性。他们看不到一条与他们周围的人所相信的不同的生活之路。以儿童特有的视角和技巧去发展和表达他们自己的理解，在此过程中他们所获取的自信心真的会使结果大有不同。甚至对那些生活的可能性似乎更容易实现的孩子来说，他们也常常被引导着按照别人的想法生活，而不是按照自己对可能的最好生活的想法去生活。

我已在第五章简要地论述过亚里士多德对幸福的定义，它告诫我们，为了过上理想生活应尽可能去发掘我们的潜能。快乐生活是一种尽最大可能达成自我实现目标的生活。对年轻人来说，该怎样实现这样的生活呢？最基本地，除了必要的资源和机缘，儿童应努力培养对自身潜能的鉴别力，洞察什么才是理想生活。这需要自省并且努力实现自我认知，也就是苏格拉底提到的"使人生有意义"。这个过程中的一个重要部分就是要对你的想法、你认为有意义的事物有足够的信心。"有意义"，就是说，你对这个世界及你自身情况的理解有实质意义。

当然，我并不是说，没有哲学思考，儿童（或成年人）就不能很好地发展推理能力，就没有对解决疑惑这一能力的自信，就不能对自己的境遇有深入的思考。尽管如此，我认为，没有一门学科比哲学更好，更适合来淬炼和提高这些技能的了。哲学问题都是极为抽象且有历史争论的，这就向我们的分析推理能力提出了无限的挑战。邀请我们的孩子同我们一起思考哲学问题，鼓励他们养成自省的习惯、仔细审视自己的观点，从而提高他们思考、推理与反思的能力。能够认真思考且对自己的推理能力充满信心，可以使我们更好地控制我们的生活处境。

我们同儿童之间的关系

在我的三个孩子年纪很小的时候，我就开始同他们谈论有关哲学的话题。最近，我与我的 14 岁的小儿子进行了一次对话，这使我开始思考这些对话对我们亲子关系的影响。

沃尔夫·埃布鲁赫（Wolf Erlbruch）著的《鸭子、死亡和郁金香》（*Duck, Death and the Tulip*），讲述了鸭子遇见死亡的故事。死亡告诉鸭子："我将一直在你身边。"之后，他们两个共度了一段时光，并且，他们讨论了死。在许多幅画面中，死亡总是随身带着一朵郁金香。在这个故事的结尾，鸭子死了，死亡将她带到了河边，接着将她置于河水中，并把郁金香放在她的身上。死亡看着鸭子越漂越远。这本书以这样的叙述结尾："一直到她消失在视线之外，她一动也没动。'然而，这就是生活。'死亡想。"

我曾与本科生讨论过这个故事。之后，我又将它讲给了杰克逊，想要看看他的想法。这本书写得非常优美，以一种轻柔的笔调展开叙述，它对死亡的拟人化描写令人着迷。

我同杰克逊谈论这本书并交换了彼此对生命与死亡之间关系的看法。杰克逊提出，为了改变，死亡是必要的。我们都赞同，如果没有改变，生命看起来就会是死气沉沉的。之后我们又谈论到当死亡来临时会发生什么，是否身体的死亡意味着意识的终结，是否有可能存在我们无法想象的界面。

之后当我回想起我们的对话时，我为我们可以轻松自如地进行这类话题的讨论而震惊不已。虽然在我们生活中的许多方面，我继续以家长权威者的形象出现，但当我们谈论这类话题时，我们是以合作的方式来进行的。我的三个儿子都可以强有力地表达他们的观点，并且如他们所预期的那样，他们的观点都是有意义的和值得思考的。这种分享式的探究，使我们能够在一起真正地努力探求对事物的理解，从而加深了我们之间的感情，使我们能够相互尊重。我想，在他们的青少年时期，这是我可以给予他们的最丰厚的礼物。当然，哲学并不是解决孩子青少年时期所有问题的灵丹妙药。但是，在家庭中进行的亲密交谈——在很大程度上，我想这要归功于我们一起进行的哲学质疑——使我们以相互信任、相互尊重的方式去解决这些问题（虽然并不是从来没有过争执）。

同你的孩子一起讨论哲学，最重要的就是要努力理解他的观念、想法，而非考虑他的观点是有趣还是有攻击性。儿童的哲学观点有一种特殊性，因为它们是从儿童的经验中产生的。虽然我们都曾经是儿童，但是一旦我们长大，童年就变得很难再接近。在认真交谈中，面对儿童的观点，我们成年人能更好地接近儿童的真实世界，从而尊重儿童的自主决策及其见解。一旦儿童意识到这种尊重，儿童与成年人之间的信任就会增强。我能深刻地感觉到，不同于之前，有了这些交谈，哲学让我与我的三个孩子能更好地相知。

真实性与同一性

　我的儿子戴维有一年一直在申请大学。尽管有压力，但这种经历，在某种程度上来说是使我们受益的。对于当今大学招生情况，我们有过很多交流。有时我们会觉得，年轻人被鼓励把自身包装为成功的中年人而非刚刚开始成年人生活的年轻人。在被建议为一所特定的学校以一种特定的方式展现自己（并非是一种不诚实的表现，最好将它视为一种夸大之词）之后，戴维一度对我说："妈妈，也许这是学校想要的，但不是我想要的。"

这番话让我们围绕真实展开了一次长谈，涉及的问题有：它意味着什么？它又需要什么？我告诉戴维，我希望我传达给我的孩子的最重要的价值观之一是真实。

"那么你所说的真实指的是什么？"戴维问道。

"这是个难题，但是我认为它和诚实有关。并且，它要求你表现出你到底是哪一类人。你认为呢？"

"正是如此，"戴维说道，"让我装成不是我自己那样，使我非常不舒服，尽管这可以让我申请到大学。如果我知道大学是一个不接受真实的地方，那么我认为我不会快乐。对我而言，真实意味着知道你是谁，并忠实于你自己。"

那种内心的声音是如此轻柔纯净。为了做到真实，你真的一直坚持坦率、诚实及其他必要的东西。

——梅雷迪思·蒙克（Meredith Monk）

我认为，真实如此重要，因为我们的大多数孩子是在强烈、持久的压力下，以特殊方式去看、做、思考和感觉的。他们被词语或图像灌之以唯名是从的文化。在这种文化中，名誉、名声往往徒有其表，没有任何实质性成果。如果表象极为重要而实质没那么重要，真实看起来就难以捕捉甚至可有可无了。在追求物质财富和声名的洪流中，我们的孩子可能就错过了知道他们是谁、他们最应关注什么的机会了。

在存在主义哲学家看来，真实是指你在面对来自外部的压力和影响时仍能够忠于自己的心灵、个性，做到真实才能有一种完整的人生。真实是指你依据自己是哪一类人（什么样的人）来过自己的生活。这需要你理解自身的特性和价值观。此外，尽可能真实地生活，需要你洞察到自己的性格品质，拥有自信，且有必要 *132* 拥有独立思考的技能以营建一种能够顺应这种性格品质的生活。

我们究竟要给予儿童什么

此书以另外一种方式呼吁我们倾听儿童的心声，对他们在日常哲学层面上的质疑及观察给予一定的重视。我们同儿童进行的最日常的活动——读故事、听音乐、看电视及开展户外活动等——为开展哲学对话创造了机会。如果我们能够对儿童的哲学质疑足够敏感，我们就可以帮助他们更深入地思考和探究他们感兴趣的问题，使得他们提出越来越好的问题。

鼓励你的孩子发展哲学自我，这给了他足够的自由和空间同你一起就生活中的大问题展开丰富的想象，并且使他的想法与观念得到了尊重。我所描述的父母与孩子一起进行哲学思考的所有好处——激发父母和孩子对宇宙及人类境况产生好奇，提高对世界上各种观点的深入认识，引发父母与孩子共同探究的经历，增强分析能力以及对生活进行质疑的能力——使儿童能更好地进行自我引导，过有意义的生活。

确切地说，我希望我的孩子能够做到的是：基于独立自主、深思熟虑的权衡，他们能够营建自己的生活，有信心且有能力规划自己的生活并为之努力奋斗。我想这是大多数父母想要孩子做到的。我认为，能够敞开心扉同孩子谈论关于人类生存的最基本问题，可以帮助他们做到这一点。

我最喜欢的对哲学的描述来自罗伯特·约翰（Robert Johann），他曾说过："哲学探究的最独特之处，就在于它是一场令人生圆满的探险。"[4]我认为，支持你的孩子参与这样一次理智的探险，最终可以让他和你一同过上更美满的生活。

注　释

［1］Mihaly Csíkszentmihályi, *Flow：The Psychology of Optimal Experience*（New York：Harper Modern Classics，2008）.

［2］Matthews, *Philosophy of Childhood*, pp. 122-123.

［3］例如，参见 Barbara L. Fredrickson, "Why Choose Hope?," *Psychology Today*, March 23, 2009, www. psychologytoday. com/blog/positivity/200903/why-choose-hope。

［4］Robert O. Johann, *Building the Human*（New York：Herder and Herder，1968）.

133

参考文献

Aristotle. *Metaphysics*.

——. *Nicomachean Ethics*.

Arsenio，William，and Elizabeth Lemerise，eds. *Emotions，Aggression，and Morality in Children：Bridging Development and Psychopathology*. Washington，DC：American Psychological Association，2010.

Baggett，David，and Shawn E. Klein，eds. *Harry Potter and Philosophy*. Chicago：Carus Publishing，2004.

Battin，Margaret P.，et al.，eds. *Puzzles about Art：An Aesthetics Casebook*. New York：St. Martin's Press，1989.

Bostrom，Nick. "Are You Living in a Computer Simulation?" *Philosophical Quarterly* 53，no. 211（2003）：pp. 243-255.

Coles，Robert. *The Moral Life of Children*. Boston：Houghton Mifflin Company，1986.

——. *The Spiritual Life of Children*. Boston：Houghton Mifflin Company，1990.

Csíkszentmihályi，Mihaly. *Flow：The Psychology of Optimal Experience*. New York：Harper Perennial Modern Classics，2008.

Gardner，Howard. *Frames of Mind*. New York：Basic Books，1993.

——. *Intelligence Reframed：Multiple Intelligences for the 21st Century*. New York：Basic Books，1999.

Gopnik，Alison. *The Philosophical Baby：What Children's Minds Tell

Us about Truth, Love and the Meaning of Life. New York: Farrar, Straus and Giroux, 2009.

Heschel, Abraham. *God in Search of Man: A Philosophy of Judaism.* New York: Farrar, Strauss and Giroux, 1955.

Holt, John. *How Children Fail.* New York: Merloyd Lawrence, 1982.

Isaacs, Susan. *Intellectual Growth in Young Children.* London: Routledge, 1930.

James, William. *Some Problems of Philosophy.* Lincoln: University of Nebraska Press, 1996.

Johann, Robert O. *Building the Human.* New York: Herder and Herder, 1968.

Kennedy, David. *Changing Conceptions of the Child from Renaissance to Post-Modernity: A Philosophy of Childhood.* New York: Edwin Mellen Press, 2006.

Kiefer, Barbara Z. *The Potential of Picturebooks.* Englewood Cliffs, NJ: Prentice Hall, 1995.

Lipman, Matthew. *Philosophy Goes to School.* Philadelphia: Temple University Press, 1988.

——. *Thinking in Education.* Cambridge: Cambridge University Press, 1991.

Matthews, Gareth. *Dialogues with Children.* Cambridge, MA: Harvard University Press, 1992.

——. "Holiness." In *Children Philosophize Worldwide*, edited by Eva Marsal, Takara Dobashi, and Barbara Weber. Frankfurt: Peter Lang, 2009.

——. *Philosophy and the Young Child.* Cambridge, MA: Harvard University Press, 1980.

——. *The Philosophy of Childhood.* Cambridge, MA: Harvard University Press, 1994.

Needleman, Jacob. *The Heart of Philosophy.* New York: Penguin Books, 2003.

Nozick，Robert. *Anarchy，State，and Utopia*. New York：Basic Books，1974.

Russell，Bertrand. *The Problems of Philosophy*. New York：Oxford University Press，1997.

Schapiro，Tamar. "What Is a Child?" *Ethics* 109，no. 4 （1999）：pp. 715-738.

Shapiro，David. *Plato Was Wrong*! *Footnotes on Doing Philosophy with Young People*. Lanham，MD：Rowman & Littlefield Education，2012.

Wagner，Tony. *The Global Achievement Gap*. New York：Basic Books，2008.

Wartenberg，Thomas. *Big Ideas for Little Kids*. New York：Rowman & Littlefield，2009.

White，David. *Philosophy for Kids*：40 *Fun Questions That Help You Wonder about Everything*! Austin，TX：Prufrock Press，2000.

具有哲学启发性的儿童文学作品

绘　本

The Incredible Painting of Felix Clousseau，by Jon Agee

The Ugly Duckling，by Hans Christian Andersen

Benjamin's Dreadful Dream，by Alan Baker

The Important Book，by Margaret Wise Brown

The Runaway Bunny，by Margaret Wise Brown

My Friend the Monster，by Clyde Roberta Bulla

Why?，by Lindsay Camp

Stellaluna，by Janell Cannon

Hello，Red Fox，by Eric Carle

Emily's Art，by Peter Catalanotto

The Christmas Menorahs：*How a Town Fought Hate*，by Janice Cohn

Duck，Death and the Tulip，by Wolf Erlbruch

Wilfrid Gordon McDonald Partridge，by Mem Fox

How to Paint the Portrait of a Bird，by Mordicai Gerstein

The Little Book of Thunks, by Ian Gilbert

"Rumpelstiltskin," by the Brothers Grimm

Harold and the Purple Crayon, by Crockett Johnson

Emma, by Wendy Kesselman

Peach and Blue, by Sarah Kilborne

I Want to Paint My Bathroom Blue, by Ruth Krauss

Philosophy Rocks, by Stephen Law

Really Really Big Questions, by Stephen Law

Stormy Night, by Michéle Lemieux

The Man Who Kept His Heart in a Bucket, by Sonia Levitin

Boodil My Dog, by Pija Lindenbaum

A Color of His Own, by Leo Lionni

Alexander and the Wind-up Mouse, by Leo Lionni

An Extraordinary Egg, by Leo Lionni

Fish Is Fish, by Leo Lionni

Frederick, by Leo Lionni

Matthew's Dream, by Leo Lionni

Swimmy, by Leo Lionni

Frog and Toad Are Friends, by Arnold Lobel

Frog and Toad Together, by Arnold Lobel

The Great Blueness and Other Predicaments, by Arnold Lobel

Owl at Home, by Arnold Lobel

The Mountain That Loved a Bird, by Alice McLerran

The Big Box, by Toni Morrison

The Three Questions, by Jon J. Muth

The Art Lesson, by Tomie de Paola

The Upside-down Cat, by Elizabeth Parsons

The Rainbow Fish, by Marcus Pfister

Max Found Two Sticks, by Brian Pinkney

The Big Orange Splot, by Daniel Manus Pinkwater

The Tale of Peter Rabbit, by Beatrix Potter

Ish, by Peter Reynolds

Hildilid's Night, by Cheli Duran Ryan

Emma's Rug, by Allen Say

The True Story of the Three Little Pigs, by Jon Scieszka

Where the Wild Things Are, by Maurice Sendak

Green Eggs and Ham, by Dr. Seuss

Horton Hears a Who, by Dr. Seuss

The Lorax, by Dr. Seuss

The Amazing Bone, by William Steig

Amos and Boris, by William Steig

Brave Irene, by William Steig

Sylvester and the Magic Pebble, by William Steig

Yellow and Pink, by William Steig

The Araboolies of Main Street, by Sam Swope

The Sky Jumps into Your Shoes at Night, by Jasper Tomkins

Knuffle Bunny, by Mo Williams

Albert's Toothache, by Barbara Williams

The Velveteen Rabbit, by Margery Williams

Morris the Moose, by B. Wiseman

I Know a Lady, by Charlotte Zolotow

桥梁书

The Lemming Condition, by Alan Arkin

Knee-knock Rise, by Natalie Babbitt

Tuck Everlasting, by Natalie Babbitt

The Wizard of Oz, by L. Frank Baum

My Friend the Monster, by Clyde Robert Bulla

Thinking Stories, *Thinking Stories* Ⅱ, and *Thinking Stories* Ⅲ, edited by Philip Cam

Twister, *Quibbler*, *Puzzler*, *Cheat*, by Philip Cam

Alice's Adventures in Wonderland, by Lewis Carroll

Through the Looking Glass, by Lewis Carroll

Behind the Attic Wall, by Sylvia Cassedy

Frindle, by Andrew Clements

Danny, *the Champion of the World*, by Roald Dahl

James and the Giant Peach, by Roald Dahl

The Hundred Dresses, by Eleanor Estes

Hitler's Daughter, by Jackie French

The Chinese Mirror, by Mirra Ginsburg（trans.）

The Poet-bat, by Randell Jarrell

The Phantom Tollbooth, by Norton Juster

From the Mixed-up Files of Mrs. Basil E. Frankweiler, by E. L. Konigsburg

A Wrinkle in Time, by Madeline L'Engle

Lesse Webster, by Ursula LeGuin

Perelandra, by C. S. Lewis

The Chronicles of Narnia, by C. S. Lewis

The Dragon with the Red Eyes, by Astrid Lindgren

Pippi Longstocking, by Astrid Lindgren

In the Year of the Boar and Jackie Robinson, by Betty Bao Lord

Raging Robots and Unruly Uncles, by Margaret Mahy

Standing Up to Mr. O, by Claudia Mills

The World of Pooh, by A. A. Milne

Five Children and It, by E. Nesbit

The Story of the Amulet, by E. Nesbit

Secret of the Andes, by Ann Nolen

Mrs. Frisby and the Rats of NIMH，by Robert C. O'Brien

Tom's Midnight Garden，by Philippa Pearce

A Day No Pigs Would Die，by Robert Newton Peck

The Golden Compass，by Philip Pullman

Shiloh，by Phyllis Reynolds

Harry Potter series，by J. K. Rowling

The Bears' House，by Marilyn Sachs

Fran Ellen's House，by Marilyn Sachs

The Little Prince，by Antoine de Saint-Exupéry

The Cricket in Times Square，by George Selden

Old Ramon，by Jack Shaefer

When You Reach Me，by Rebecca Stead

Abel's Island，by William Steig

The Real Thief，by William Steig

The Bear That Wasn't，by Frank Tashlin

Many Moons，by James Thurber

The Thief，by Megan Whalen Turner

A Traveler in Time，by Alison Uttley

Charlotte's Web，by E. B. White

Stuart Little，by E. B. White

The Sword in the Stone，by T. H. White

Sleeping Ugly，by Jane Yolen

The Book Thief，by Markus Zusak

青少年和成年人阅读的书目

The Universe and Dr. Einstein，by Lincoln Barnett

Three Dialogues between Hylas and Philonous，by George Berkeley

Lying：Moral Choice in Public and Private Life，by Sissela Bok

The Stranger，by Albert Camus

Mrs. Bridge, by Evan Connell

The Mind's I: Fantasies and Reflections on the Self and Soul, composed and arranged by Daniel C. Dennett and Douglas R. Hofstadter

Meditations on First Philosophy, by Descartes

Pilgrim at Tinker Creek, by Annie Dillard

The Brothers Karamazov, by Fyodor Dostoevsky

Middlemarch, by George Eliot

The Campaign, by Carlos Fuentes

Sophie's World, by Jostein Gaarder

Grendel, by John Gardner

In the Suicide Mountains, by John Gardner

In a Different Voice, by Carol Gilligan

Engaging Philosophy, by Mitch Green

Their Eyes Were Watching God, by Zora Neale Hurston

"A White Heron," in *The Country of the Painted Firs and Other Stories*, by Sarah Orne Jewett

The Trial, by Franz Kafka

Fear and Trembling and the Sickness unto Death, by Soren Kierkegaard

Philosophical Fragments, by Soren Kierkegaard

The Book of Laughter and Forgetting, by Milan Kundera

"The Ones Who Walk Away from Omelas," by Ursula LeGuin (short story)

A Sand County Almanac, by Aldo Leopold

The Time of the Hero, by Mario Vargas Llosa

One Hundred Years of Solitude, by Gabriel García Márquez

Tar Baby, by Toni Morrison

What Does It All Mean?, by Thomas Nagel

The Examined Life, by Robert Nozick

Tell Me a Riddle, by Tillie Olsen

A Dialogue on Personal Identity and Immortality，by John Perry

The World of Silence，by Max Picard

The Republic，by Plato

A Theory of Justice，by John Rawls

The Problems of Philosophy，by Bertrand Russell

The Catcher in the Rye，by J. D. Salinger

Nausea，by John-Paul Sartre

No Exit，by Jean-Paul Sartre

Walden，by Henry David Thoreau

A Young Person's Guide to Philosophy，edited by Jeremy Weate

Mrs. Dalloway，by Virginia Woolf

网站

这些网站涉及如下内容：对与儿童进行哲学讨论的想法，对各类图画书、章节书的阅读建议，以及对向青少年介绍哲学的想法。

The Northwest Center for Philosophy for Children：http：// depts. washington. edu/nwcenter

PLATO (Philosophy Learning and Teaching Organization)：http：// plato-apa. org

Philosophy for Kids：http：// www. philosophyforkids. com

Teaching Children Philosophy：http：// www. teaching children- philosophy. org

索 引^①

后 记

　　《哲思的幼童：如何与儿童讨论哲学问题》是一本指导教师和家长关注、激发儿童进行哲学思考的著作。2016年，译者有幸接触到此书的英文版，深感此书对深化我国当前的儿童哲学研究具有重要价值，遂有心将其译成中文在中国出版。历经3年，值此中译本即将面世之际，谨对所有帮助过此译本出版的各位同人表示衷心感谢，没有你们的辛勤努力就不会有此译本的公开出版。

　　感谢此书作者美国华盛顿大学哲学系副教授加纳·莫尔·洛内，在翻译过程中译者多次就学术问题和表达问题向她进行咨询，她都能在第一时间耐心地给予解答，以及与我进行有效的沟通，正是她的积极支持才使此书中译本得以顺利出版。

　　感谢东北师范大学教育学部的部分教师、博士研究生以及东北师范大学附属小学的部分教师，他们参与书稿的翻译和修改工作。具体分工如下：第一章，孙颖（东北师范大学副教授、博士生导师）；第二章，白倩（东北师范大学博士研究生）；第三章，马琳琳（东北师范大学附属小学外语教师）；第四章，周丽丽（东北师范大学博士研究生）；第五章，张志慧（东北师范大学博士研究生）；第六章，杨落娃（东北师范大学博士研究生）；第七章，尹璐（东北师范大学附属小学教师、博士研究生）。孙颖协助我做了大量的组织和校订工作。我对部分章节译稿进行了审读和校订。

感谢北京师范大学出版社对此书中文版权的购买。感谢北京师范大学出版社周益群编辑对此中译本出版过程的总体把控和细节关注，其多次主动地就书中需要修改的地方与我们进行讨论的情景历历在目，其敬业精神令人钦佩。

尽管在翻译过程中我们力求精益求精，对全书反复进行多次校对，但仍不免有疏漏之处，敬请海内外方家斧正。

于　伟

于东北师范大学附属小学

教研工作坊

2021 年 2 月 5 日

图书在版编目(CIP)数据

哲思的幼童：如何与儿童讨论哲学问题/(美)加纳·莫尔·洛内著；
孙颖等译. —北京：北京师范大学出版社，2021.4
（儿童研究译丛/张斌贤，祝贺主编）
ISBN 978-7-303-25669-3

Ⅰ.①哲… Ⅱ.①加… ②孙… Ⅲ.①哲学问题－儿童教育－家庭教
育 Ⅳ.①①B0②G78

中国版本图书馆 CIP 数据核字(2020)第 039354 号

北京市版权局著作权合同登记号：图字：01-2017-4555 号

营　销　中　心　电　话　　　010-58807651
北师大出版社高等教育分社微信公众号　　新外大街拾玖号

ZHESI DE YOUTONG：RUHE YU ERTONG TAOLUN ZHEXUE WENTI

出版发行：北京师范大学出版社　www.bnupg.com
　　　　　北京市西城区新街口外大街 12-3 号
　　　　　邮政编码：100088
印　　刷：北京京师印务有限公司
经　　销：全国新华书店
开　　本：890 mm×1240 mm　1/32
印　　张：7.5
字　　数：260 千字
版　　次：2021 年 4 月第 1 版
印　　次：2021 年 4 月第 1 次印刷
定　　价：64.00 元

策划编辑：周益群　　　　　　　责任编辑：林山水
美术编辑：李向昕　　　　　　　装帧设计：丛　巍
责任校对：段立超　王志远　　　责任印制：马　洁